BEITRÄGE
DES INSTITUTS FÜR
RECHNUNGSWESEN
UND CONTROLLING
DER UNIVERSITÄT
ZÜRICH

EHEMALS «MITTEILUNGEN AUS DEM
HANDELSWISSENSCHAFTLICHEN
SEMINAR DER UNIVERSITÄT ZÜRICH»

HERAUSGEBER

PROF. DR. CONRAD MEYER
PROF. DR. DIETER PFAFF

D1735649

SIBYLLE MATTMANN
LIC. OEC. PUBL.

OTHER COMPREHENSIVE INCOME

DIE AUSWIRKUNGEN DES
DARSTELLUNGSWAHLRECHTS AUF
DIE AKTIENKURSVOLATILITÄT

37

Schulthess § 2011

Abdruck der vom Lehrbereich Ökonomie der Wirtschaftswissenschaftlichen Fakultät der Universität Zürich genehmigten Dissertation.

Bibliografische Information der Deutschen Nationalbibliothek
Die Deutsche Nationalbibliothek verzeichnet diese Publikation in der Deutschen Nationalbibliografie; detaillierte bibliografische Daten sind im Internet über http://dnb.d-nb.de abrufbar.

© Schulthess Juristische Medien AG, Zürich · Basel · Genf 2011
ISBN 978-3-7255-6157-5

www.schulthess.com

Meiner Familie

Vorwort

Es ist mir ein grosses Anliegen, allen zu danken, die mich bei der Realisierung dieser Arbeit begleitet und unterstützt haben. Ein besonderer Dank gilt meinem Doktorvater, akademischen Lehrer und Vorgesetzten, Herrn Prof. Dr. Conrad Meyer, Direktor des Instituts für Rechnungswesen und Controlling (IRC) der Universität Zürich. Seine konstruktiven Anregungen, sein mir entgegengebrachtes Vertrauen sowie die gewährte akademische Freiheit haben massgeblich zum Gelingen der vorliegenden Dissertation beigetragen. Neben einem motivierenden Arbeitsklima am Institut bot er mir die Möglichkeit, bei verschiedenen Mandaten mitzuarbeiten und dadurch wertvolle Erfahrungen zu sammeln, die mich persönlich und fachlich weitergebracht haben. Herrn Prof. Dr. Dieter Pfaff danke ich herzlich für die Übernahme des Koreferats.

Eine hilfreiche Stütze waren meine Kolleginnen und Kollegen am Institut für Rechnungswesen und Controlling. Sie waren mir immer kompetente Ansprechpartner. Ein grosser Dank geht an Olivia Bischoff für die sorgfältige Durchsicht des Manuskripts sowie die wertvollen Verbesserungsvorschläge.

Ganz besonders danke ich meiner Familie für ihre Unterstützung. Insbesondere meinen Eltern, die mir durch ihre Grosszügigkeit eine akademische Ausbildung ermöglicht und mich in meinen Entscheidungen stets bestärkt haben. Ein herzliches Dankeschön gebührt meinem Freund Ronny Keller, der mir während dem gesamten Doktorandenstudium den nötigen Rückhalt gegeben hat und mir jederzeit hilfreich zur Seite stand.

Zürich, im August 2010   Sibylle Mattmann

Inhaltsverzeichnis

Abbildungsverzeichnis

Abkürzungsverzeichnis

2SLS	Two Stage Least Squares
ABO	Accumulated Benefit Obligation
AFS	Variable für Available-for-Sale-Wertpapiere
AGE	Variable für das Alter des Unternehmens
ASB	Accounting Standards Board
CON	Statement of Financial Accounting Concepts
CRSP	Center for Research in Security Prices
D	Indikatorvariable für das Darstellungswahlrecht bezüglich Other Comprehensive Income
DER	Variable für Cashflow Hedges
DOCI	Indikatorvariable für ein negatives Other Comprehensive Income
DVOL	Indikatorvariable für die Volatilität des Comprehensive Income
EBITDA	Earnings Before Interest, Taxes, Depreciation, and Amortization
FASB	Financial Accounting Standards Board
FCT	Variable für die Fremdwährungsumrechnung
GICS	Global Industry Classifications Standard
IAS	International Accounting Standards
IASB	International Accounting Standards Board
IFRS	International Financial Reporting Standards
IMR	Inverse Mills Ratio
IND	Branchenindikatorvariable
LEV	Variable für den Leverage
MB	Variable für das Marktwert-Buchwert-Verhältnis
MBA	Master of Business Administration
NI	Variable für das Nettoeinkommen
OCI	Variable für das Other Comprehensive Income
OLS	Ordinary Least Squares, Methode der kleinsten Quadrate
OTH	Variable für die übrigen Positionen des Other Comprehensive Income
PEN	Variable für Pensionsverpflichtungen
S&P	Standard and Poor's

SEC	Securities and Exchange Commission
SFAS	Statement of Financial Accounting Standards
SIZE	Variable für die Grösse des Unternehmens
TVOL	Variable für das Handelsvolumen
US	United States
US GAAP	United States Generally Accepted Accounting Principles
VIF	Variance Inflation Factors
VOL	Variable für die Volatilität des Aktienkurses
Y	Zeitindikatorvariable

Teil I: Grundlagen

1. Kapitel: Einführung

«An analyst's forecast can be used to value a stock only if it is a forecast of comprehensive income, and a price/earnings ratio only has a precise interpretation if the earnings are comprehensive.»[1]

1.1 Problemstellung

Das International Accounting Standards Board (IASB) veröffentlichte im September 2007 eine überarbeitete Fassung des International Accounting Standard (IAS) 1 «Presentation of Financial Statements». Dieser Standard ist seit dem Geschäftsjahr 2009 anzuwenden.[2] Die Unternehmen haben das Unternehmensgesamtergebnis (Comprehensive Income) sowie die unrealisierten Gewinne und Verluste, das so genannte Other Comprehensive Income, zwingend in der Ergebnisberichterstattung in einer Gesamtergebnisrechnung (Statement of Comprehensive Income) offen zu legen. Dabei können sie diese im selben Abschlussbestandteil wie die übrigen Erfolgspositionen oder in einem separaten Abschlussbestandteil zeigen, der vom Gewinn oder Verlust zum Gesamtergebnis überleitet.[3] Eine Offenlegung im Eigenkapitalnachweis, wie es bisher möglich war, ist nicht mehr gestattet.[4] Ziel hierbei ist eine strikte Trennung der nicht eigentümerbezogenen Eigenkapitalveränderungen von den eigentümerbezogenen Eigenkapitalveränderungen sowie eine Harmonisierung des Jahresabschlusses. Gemäss den Standardsetzern wird dadurch die Entscheidungsnützlichkeit der Finanzinformationen erhöht und die Analyse- und Vergleichsmöglichkeiten der dargestellten Informationen für die Investoren werden verbessert.[5] Denn das Other Comprehensive Income beinhaltet Ergebniskomponenten, die für die Entscheidungsfindung von Nutzen sind. Ein umfassendes Bild der Unternehmensperformance erhält man somit erst bei Berücksichtigung der unrealisierten Gewinne und Verluste.[6] Zudem reduziert eine transparentere Berichterstattung Earnings Management[7], da das Risiko höher ist, dass die Ergebnisgestaltung von den Investoren erkannt wird.[8]

---

[1] American Accounting Associations's Financial Accounting Standards Committee (1997), S. 122.

[2] Vgl. IAS 1.139.

[3] Vgl. IAS 1.81-82.

[4] Vgl. Goncharov/Hodgson (2008), S. 6.

[5] Vgl. Newberry (2003), S. 332 und IAS 1.IN2-4.

[6] Vgl. SFAS 133.C229.

[7] Earnings Management beschreibt die Manipulation von Gewinngrössen des Unternehmens durch das Management, um die Performance des Unternehmens besser darzustellen, beziehungsweise um die Erwartungen der Investoren zu treffen. Vgl. Meyer (2009a), S. 61-63.

[8] Vgl. Hunton/Libby/Mazza (2006), S. 135-136.

Bei den Anwendern ist die neue Regelung jedoch umstritten. Denn die Komponenten des Other Comprehensive Income sind teilweise grossen Wertschwankungen unterworfen, z. B. aufgrund von Wechselkursänderungen bei Fremdwährungen.[9] Diese Wertschwankungen führen bei einer Offenlegung in der Ergebnisberichterstattung zu einem volatileren Gesamtergebnis.[10] Die Anwender befürchten, dass dadurch die Investoren die Performance des Unternehmens als stärker schwankend empfinden. Ist dies der Fall, beurteilen die Investoren das Unternehmen als risikoreicher, was zu einer grösseren Volatilität des Aktienkurses führt.[11] Damit verbunden sind höhere Eigenkapitalkosten, denn die Investoren fordern höhere Gewinne, um das wahrgenommene erhöhte Risiko zu kompensieren. Zusätzlich können auch die Fremdkapitalkosten ansteigen.[12] Es wird zudem vermutet, dass bei einem volatileren Aktienkurs die Leistung des Managements schlechter beurteilt wird.[13]

Die Befürchtung der Anwender, dass die Investoren das Unternehmen bei einer transparenteren Berichterstattung des Other Comprehensive Income als risikoreicher wahrnehmen, wird auch bei der Anwendung des US-amerikanischen Statement of Financial Accounting Standard (SFAS) 130 ersichtlich. Unter United States Generally Accepted Accounting Principles (US GAAP) haben die Unternehmen ein Wahlrecht, das Comprehensive Income sowie die Komponenten des Other Comprehensive Income entweder im Eigenkapitalnachweis oder in der Ergebnisberichterstattung zu zeigen. Das Financial Accounting Standards Board (FASB) empfiehlt eine Offenlegung in der Ergebnisberichterstattung, obwohl mit beiden Methoden dieselbe Information gezeigt wird.[14] Trotz dieser Empfehlung ziehen die meisten Unternehmen eine Offenlegung im Eigenkapitalnachweis vor. Lediglich rund 20% der Unternehmen legen das Other Comprehensive Income in der Ergebnisberichterstattung offen.[15] Hätte der transparentere Ausweis dieser Gewinngrössen keine Konsequenzen, würden die Unternehmen den Empfehlungen des FASB folgen. Daraus kann geschlossen werden, dass die Unternehmen der Ansicht sind, der Ort der Berichterstattung sei relevant.[16] Mit einer weniger transparenten Offenlegung des Other Comprehensive Income wird vermieden,

---

9   Vgl. Graham/Harvey/Rajgopal (2005), S. 49.
10   Es konnte empirisch nachgewiesen werden, dass das Comprehensive Income volatiler ist als das Nettoeinkommen. Vgl. Hodder/Hopkins/Wahlen (2006), S. 346 und Barth/Landsman/Wahlen (1995), S. 602.
11   Vgl. Lipe (1998b), S. 637 und Graham/Harvey/Rajgopal (2005), S. 49.
12   Vgl. Venkatachalam (2000), S. 204 und Hirst (2006), S. 694.
13   Vgl. Graham/Harvey/Rajgopal (2005), S. 48-50.
14   Vgl. SFAS 130.A67.
15   Vgl. Bamber et al. (2010), S. 106.
16   Vgl. Graham/Harvey/Rajgopal (2005), S. 54.

dass das stärker schwankende Comprehensive Income von den Investoren wahrgenommen wird.[17]

Es stellt sich somit die Frage, ob eine transparentere Offenlegung des Other Comprehensive Income in der Ergebnisberichterstattung tatsächlich zu einem volatileren Aktienkurs führt. Denn ein volatilerer Aktienkurs erhöht die Finanzierungskosten. Dieser Zusammenhang wurde bis anhin noch nicht empirisch untersucht. Insbesondere für das FASB und das IASB ist es von Interesse, welche Auswirkungen ein transparenteres Berichterstattungsformat bezüglich Other Comprehensive Income hat.

1.2   Zielsetzung

Die vorliegende Arbeit untersucht, ob Unternehmen, die das Other Comprehensive Income in der Ergebnisberichterstattung offen legen eine grössere Aktienkursvolatilität aufweisen als solche, die diese Position im Eigenkapitalnachweis zeigen. Dadurch wird ersichtlich, ob die Investoren auf das stärker schwankende Comprehensive Income reagieren, wenn es aufgrund des Darstellungswahlrechts transparenter offen gelegt wird. Dies würde bedeuten, dass die Investoren sich durch eine transparentere Berichterstattung von Finanzinformationen in ihrer Analyse des Unternehmens beeinflussen lassen und dass es somit relevant ist, wo das Other Comprehensive Income gezeigt wird. Daraus ergibt sich folgende Forschungsfrage:

«Wirkt sich die Offenlegung des Other Comprehensive Income in der Ergebnisberichterstattung auf die Volatilität des Aktienkurses aus?»

Die Arbeit fokussiert auf US-amerikanische Unternehmen, da der Zusammenhang zwischen der Wahl des Berichterstattungsformats und der Aktienkursvolatilität an diesen Unternehmen am besten überprüft werden kann. Unternehmen, welche die International Financial Reporting Standards (IFRS) anwenden, sind zum aktuellen Zeitpunkt aufgrund fehlender Daten nicht dazu geeignet.

Um die Forschungsfrage beantworten zu können, soll neben der Erläuterung der US-amerikanischen Regelungen und der bisherigen Untersuchungen ein Modell erarbeitet werden, mit dem der Zusammenhang zwischen Berichterstattungsformat und Aktienkursvolatilität untersucht werden kann. Zusätzlich ist zu prüfen, ob gewisse Unternehmen im Zeitpunkt des Entscheids zum Berichterstattungsformat eine Vermeidungsstrategie ausüben. Es wird vermutet, dass Unternehmen mit einem volatileren Comprehensive Income oder einem negativen Other Comprehensive Income häufiger eine Offenlegung im Eigenkapitalnachweis wählen, um das volatilere Comprehensive Income beziehungsweise das negative Other Com-

---

[17]   Vgl. Jordan/Clark (2002), S. 6.

prehensive Income zu verbergen. Denn eine transparentere Berichterstattung schadet nach Ansicht des Managements nicht nur dem Aktienkurs, die Performance des Managements wird ebenfalls schlechter beurteilt.[18] Schliesslich ist zu untersuchen, ob das Comprehensive Income volatiler ist als das Nettoeinkommen. Denn die zunehmende Volatilität des Ergebnisses wird als Argument für eine grössere Aktienkursvolatilität verwendet. Ist das Comprehensive Income volatiler als das Nettoeinkommen, ist das Other Comprehensive Income der Auslöser für die erhöhte Volatilität.[19]

1.3   Aufbau

Die Arbeit ist in drei Teile gegliedert (vgl. Abb. 1/1). In Teil I werden die für die Arbeit zentralen Themen erläutert. Teil II beschreibt die bestehenden empirischen Untersuchungen zum Other Comprehensive Income und zeigt das Erfordernis einer eigenen Untersuchung auf. In Teil III wird anhand eines eigenen Modells eine empirische Untersuchung zur Auswirkung des Berichterstattungsformats bezüglich Other Comprehensive Income auf die Aktienkursvolatilität durchgeführt. Die einzelnen Teile umfassen die nachfolgend aufgeführten Kapitel.

Teil I «Grundlagen»:

- Nach einer Einleitung in Kapitel 1 wird in Kapitel 2 auf das Other Comprehensive Income eingegangen. Zuerst wird das Other Comprehensive Income definiert und deren Entstehung gezeigt. Anschliessend folgen die Gründe für eine Offenlegung des Other Comprehensive Income in der Ergebnisberichterstattung und deren Kritikpunkte sowie die aktuellen Entwicklungen im Zusammenhang mit dem Other Comprehensive Income.
- Kapitel 3 beinhaltet die Regelungen des Other Comprehensive Income unter US GAAP. Es werden die Bestandteile des Other Comprehensive Income erläutert und auf den Zweck von Umgliederungen sowie deren Behandlung eingegangen. Schliesslich werden die unter US GAAP erlaubten Berichterstattungsformate des Other Comprehensive Income erläutert.
- Kapitel 4 behandelt die Volatilität von Aktienkursen. Zuerst wird der Begriff «Volatilität» definiert und auf die Volatilität von Aktienkursen sowie deren Ursachen näher eingegangen. Anschliessend werden die Auswirkungen der Aktienkursvolatilität aufgezeigt.

---

[18]   Vgl. Graham/Harvey/Rajgopal (2005), S. 48-50 und Bamber et al. (2010), S. 121.
[19]   Vgl. Bamber et al. (2010), S. 108.

Abb. 1/1:   Aufbau

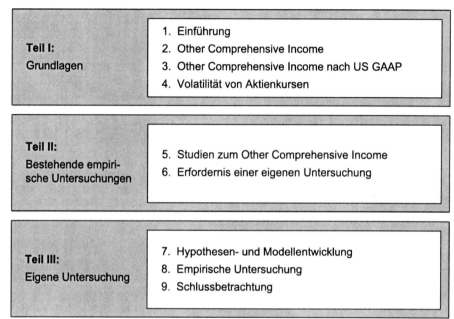

Teil II «Bestehende empirische Untersuchungen»:

* Kapitel 5 befasst sich mit den bisher durchgeführten Studien zum Berichterstattungsformat des Other Comprehensive Income. Dabei werden zuerst die verhaltensorientierten, anschliessend die kapitalmarktorientierten Studien aufgezeigt.

* In Kapitel 6 wird erläutert, weshalb eine eigene Untersuchung notwendig ist. Dazu wird zuerst der Beitrag zur Forschung aufgezeigt. Anschliessend wird eine Abgrenzung zu den bisherigen Studien vorgenommen.

Teil III «Eigene Untersuchung»:

* Kapitel 7 beinhaltet die Hypothesen und das Modell, mit welchem die Hypothesen untersuchen werden.

* Kapitel 8 behandelt die empirische Untersuchung. Dabei werden zuerst die Datenselektion und die deskriptive Statistik aufgezeigt. Anschliessend folgen die Ergebnisse der Untersuchung, die durch Robustheitstests überprüft werden.

* Kapitel 9 fasst die wichtigsten Erkenntnisse zusammen und schliesst mit einer kritischen Würdigung und einem Ausblick.

2. Kapitel: Other Comprehensive Income

Nachfolgend werden die Definition und die Entstehung des Other Comprehensive Income aufgezeigt. Anschliessend werden die Gründe für eine Offenlegung des Other Comprehensive Income in der Ergebnisberichterstattung sowie deren Kritikpunkte beschrieben und die aktuellen Entwicklungen erläutert.

2.1 Definition «Other Comprehensive Income»

Die Definition des Other Comprehensive Income wird von derjenigen des Comprehensive Income abgeleitet. Das Comprehensive Income wird als Unternehmensgesamterfolg definiert, der sämtliche Veränderungen des Eigenkapitals während einer Berichtperiode beinhaltet, die nicht auf Transaktionen mit Anteilseignern beruhen (vgl. Abb. 2/1).[20] Denn diese kreieren für die Anteilseigner keinen zusätzlichen Wert.[21] Transaktionen mit Anteilseigner sind z.B. Dividendenausschüttungen oder Kapitalerhöhungen.

Abb. 2/1: Zusammensetzung von Eigenkapitalveränderungen[22]

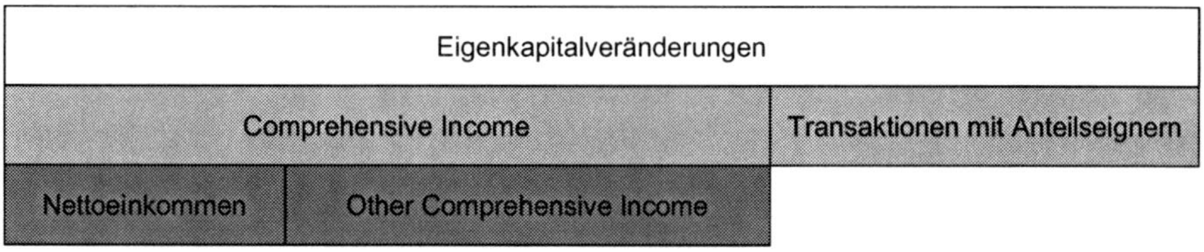

Zum Comprehensive Income zählen zwei Einkommensbestandteile:

- Nettoeinkommen
  Dazu gehören alle in der Erfolgsrechnung (Income Statement) ergebniswirksam erfassten Eigenkapitalveränderungen. Das Nettoeinkommen stellt somit den in einer Periode erwirtschafteten Gewinn beziehungsweise Verlust dar. Es wird auch als Periodenergebnis bezeichnet.[23]

---

[20] Vgl. CON 3.56, CON 6.70 und SFAS 130.8.
[21] Vgl. American Accounting Associations's Financial Accounting Standards Committee (1997), S. 121.
[22] In Anlehnung an Lachnit/Müller (2005), S. 1637 und Coenenberg (2005), S. 358.
      Bei Fehlern, die in Vorperioden verursacht worden sind, oder bei Methodenänderungen ist eine retrospektive, d.h. rückwirkende Korrektur des Eigenkapitals vorzunehmen. Dabei sind die betroffenen Positionen sowie die Gewinnreserven der früheren Perioden erfolgsneutral zu korrigieren. Vgl. SFAS 154.7 und 154.25.
[23] Vgl. KPMG (Hrsg.) (2007), S. 175.

- Other Comprehensive Income
  Dazu zählen alle ergebnisneutralen Eigenkapitalveränderungen, die nicht auf Transaktionen mit Anteilseignern basieren.[24]

Das Other Comprehensive Income wird somit definiert als Erfolgsvorgänge, die sich im Eigenkapital widerspiegeln, die aber nicht als Ertrag oder Aufwand in das Nettoeinkommen fliessen und die nicht aus Geschäften mit Anteilseignern resultieren.

2.2   Entstehung des Other Comprehensive Income

Zu Beginn des 20. Jahrhunderts änderten sich die primären Adressaten des Jahresabschlusses. Während zuvor die Information des Managements und der Kreditgebenden im Vordergrund stand, wurden nun Investoren und Aktionäre mit Informationen versorgt. Dadurch wechselte der Schwerpunkt der Berichterstattung von der Bilanz auf die Erfolgsrechnung, da Investoren und Aktionäre stärker an Renditen als an Bonität und Liquidität interessiert waren.[25]

In den folgenden Jahren wurde die Frage nach der richtigen Ertragsgrösse immer wichtiger. Das Comprehensive Income war vor allem in den 30er Jahren Thema verschiedener Debatten.[26] Von den Unternehmen wurden hingegen verschiedene neue Werte entwickelt, die nicht einheitlich waren. Schliesslich reagierte das US-amerikanische FASB auf diese Entwicklung mit der Veröffentlichung des Statement of Financial Accounting Concepts (CON) 3 im Jahr 1980, welches 1985 durch CON 6 ersetzt wurde. CON 3 enthielt erstmalig eine Definition des Ertrags, das Comprehensive Income. Das Comprehensive Income beinhaltet gemäss CON 3 sämtliche Veränderungen des Eigenkapitals während einer Berichtsperiode, die nicht auf Transaktionen mit Anteilseignern beruhen (vgl. Abschnitt 2.1).[27] Diese Definition ist konsistent mit dem so genannten All-Inclusive Income-Konzept[28], unter welchem sämtliche Erträge und Aufwendungen vollständig im Periodenergebnis zu erfassen sind. Generell folgte das FASB zu jener Zeit diesem Konzept, erlaubte allerdings vereinzelt eine erfolgsneutrale Erfassung von Erträgen und Aufwendungen im Eigenkapital. Eine Offenlegung des Comprehensive Income wurde nicht verlangt.[29]

---

[24] Vgl. Lachnit/Müller (2005), S. 1637.
[25] Vgl. Robinson (1991), S. 107 und American Accounting Associations's Financial Accounting Standards Committee (1997), S. 121.
[26] Vgl. Brief/Peasnell (Hrsg.) (1996), S. XIII.
[27] Vgl. CON 3.56 und Robinson (1991), S. 107.
[28] Beim All-Inclusive Income-Konzept sind sämtliche Erträge und Aufwendungen vollständig im Periodenergebnis zu erfassen, so dass die kumulierten Periodenerfolge mit dem Gesamterfolg übereinstimmen. Vgl. SFAS 130.2.
[29] Vgl. Johnson/Reither/Swieringa (1995), S. 130-131 und SFAS 130.2-3.

Mit dem Ziel von entscheidungsnützlicheren Informationen wurde in den letzten Jahrzehnten vermehrt die Bewertung von Bilanzpositionen zum Marktwert gefordert.[30] Dabei entspricht die Bilanz eher dem Unternehmenswert, was deren Informationsgehalt steigert und die Analyse des Unternehmens erleichtert. Nachteil einer Bewertung zum Marktwert ist, dass durch die Änderung des Marktwerts unrealisierte Gewinne und Verluste entstehen, die zu erfassen sind. Eine erfolgswirksame Erfassung dieser Positionen birgt die Gefahr, dass die Höhe und Volatilität des Periodenerfolgs stark durch Marktfluktuationen geprägt wird, was einen negativen Einfluss auf die Eigenkapitalkosten hat.[31] Daher erlaubte das FASB in den 80er und 90er Jahren vermehrt, Positionen bis zum Zeitpunkt der Realisierung nicht in der Ergebnisberichterstattung, sondern direkt im Eigenkapital zu erfassen, wobei sie als separate Komponente des Eigenkapitals zu zeigen waren.[32] Diese Positionen wurden als Other Comprehensive Income bezeichnet.

Von einigen Unternehmen wurden die Regelungen jedoch nicht korrekt angewendet. Sie kombinierten die im Eigenkapital erfassten Erfolgsbestandteile mit Eigenkapitalkategorien, wie z.B. den Gewinnreserven oder dem einbezahlten Kapital oder aggregierten sie zu einer einzigen Kategorie, anstatt sie separat offen zu legen. Dadurch konnten die Investoren und Aktionäre den Einfluss der einzelnen Bestandteile des Other Comprehensive Income auf das Unternehmen nicht beziehungsweise nur mit grossem Aufwand beurteilen.[33] Als Antwort auf diese Praktiken und aufgrund der steigenden Relevanz der Positionen wurde von verschiedenen Seiten eine grössere Transparenz und Aufschlüsselung des Other Comprehensive Income gefordert. Zudem wurde der Ausschluss von Positionen aus der Erfolgsrechnung kritisiert, da dies willkürlich erschien. Es wurde verlangt, dass ein All-Inclusive Income beziehungsweise Comprehensive Income offen gelegt wird, das sämtliche Vermögensänderungen aufzeigt, mit Ausnahme derjenigen, die auf Transaktionen mit Anteilseignern basieren. Ebenfalls sollten die einzelnen Komponenten des Other Comprehensive Income separat offen gelegt werden. Denn es wurde angenommen, dass zumindest einige dieser aus der Erfolgsrechnung ausgeschlossenen Komponenten relevant sind für die Analyse der Unternehmen. Eine transparente Darstellung sollte die Analyse der Unternehmen vereinfachen.[34]

Das Accounting Standards Board (ASB) des Vereinigten Königreichs ging zu jener Zeit bereits einen Schritt in die Richtung eines Comprehensive Income. Es veröffentlichte 1992 einen Standard, der zusätzlich ein «Statement of Total

---

[30]   Vgl. SFAS 133.C220.
[31]   Vgl. Abschnitt 2.4.2 und Epstein/Nach/Bragg (2008), S. 70.
[32]   Vgl. SFAS 130.4-5.
[33]   Vgl. Smith/Reither (1996), S. 15.
[34]   Vgl. Cahan et al. (2000), S. 1273-1277.

Recognized Gains and Losses» forderte, das dem Comprehensive Income entspricht.[35] Zudem war vom FASB geplant, einen neuen Standard für die Bewertung
und Erfassung von Finanzinstrumenten, der SFAS 133 «Accounting for Derivative
Instruments and Hedging Activities», zu veröffentlichen. Da die Bewertung zum
Marktwert eingeführt werden sollte und geplant war, Wertänderungen nicht
zwingend erfolgswirksam zu erfassen, wurde das Other Comprehensive Income
immer wichtiger.[36] Aus diesen Gründen entschloss sich das FASB, einen separaten Standard über die Berichterstattung des Comprehensive Income herauszuge-
ben, der SFAS 130 «Reporting Comprehensive Income». Ziel dieses 1998 in Kraft
getretenen und immer noch gültigen Standards ist, die Darstellung der im Eigenkapital erfassten Erfolgskomponenten zu vereinheitlichen. Er soll zu einem
besseren Verständnis der Aktivitäten der Unternehmen führen und die Vergleichbarkeit der Unternehmen erhöhen.[37]

SFAS 130 verlangt von den Unternehmen, das Comprehensive Income sowie die
Komponenten des Other Comprehensive Income in einem Abschlussbestandteil zu
zeigen, der dieselbe Wichtigkeit wie die übrigen Abschlussbestandteile aufweist.[38]
Somit können diese entweder in der Ergebnisberichterstattung oder im Eigenkapitalnachweis offen gelegt werden. Eine Berichterstattung im Anhang ist nicht
erlaubt.

Ursprünglich beabsichtigte das FASB, eine zwingende Offenlegung des Other
Comprehensive Income in der Ergebnisberichterstattung zu fordern. Darauf
verzichtete es schliesslich aufgrund der grossen Kritik im Rahmen der Stellungnahmen zum Entwurf. Das FASB erwähnt im SFAS 130 jedoch ausdrücklich, dass
es eine Offenlegung des Other Comprehensive Income in der Ergebnisberichterstattung präferiert.[39] Mit der Veröffentlichung dieses Standards ging das FASB
wieder einen ersten Schritt hin zu einem All-Inclusive Income-Konzept, unter
welchem sämtliche Erträge und Aufwendungen vollständig im Periodenergebnis
zu erfassen sind.[40]

---

[35]   Vgl. SFAS 130.A42.
[36]   Vgl. Dhaliwal/Subramanyam/Trezevant (1999), S. 46 und SFAS 130.A46-48.
[37]   Vgl. Beresford/Johnson/Reither (1996), S. 72 und SFAS 130.A45-52.
[38]   Vgl. SFAS 130.22.
[39]   Vgl. SFAS 130.A67.
[40]   Vgl. SFAS 130.A52.

2.3 Gründe für eine Offenlegung in der Ergebnisberichterstattung

Die Unternehmen haben die Wahl, das Other Comprehensive Income entweder in der Ergebnisberichterstattung oder im Eigenkapitalnachweis zu zeigen, wobei vom FASB, aber auch von den Abschlussadressaten eine Offenlegung in der Ergebnisberichterstattung präferiert wird.[41] Aus ihrer Sicht sprechen diverse Gründe für eine Offenlegung in der Ergebnisberichterstattung (vgl. Abb. 2/2).

Abb. 2/2:   Gründe für eine Offenlegung in der Ergebnisberichterstattung

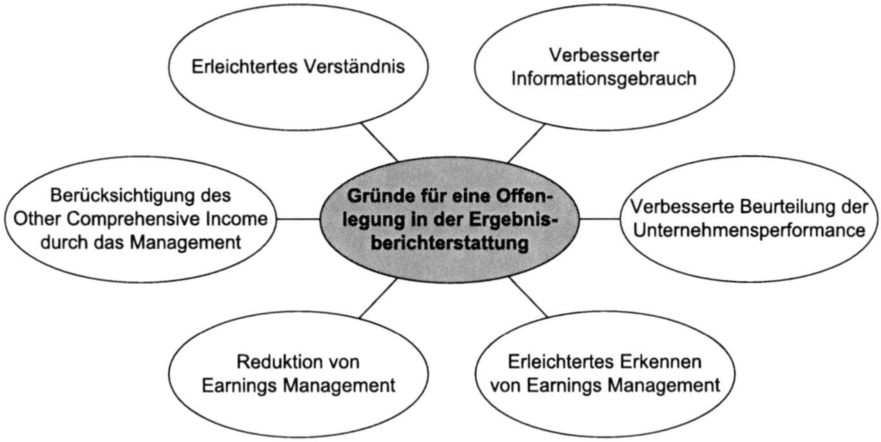

2.3.1 Erleichtertes Verständnis

Das FASB bevorzugt eine Offenlegung des Other Comprehensive Income in der Ergebnisberichterstattung, da dadurch eine höhere Transparenz erreicht wird.[42] Dies lässt sich auch aus der Tatsache schliessen, dass Unternehmen mit einem negativen Other Comprehensive Income dieses mehrheitlich im Eigenkapitalnachweis ausweisen. Dadurch wollen sie dessen Sichtbarkeit vermindern.[43] Bei einer Offenlegung in der Ergebnisberichterstattung werden die Informationen konsistent und benutzerfreundlich dargestellt. Dies erleichtert das Verständnis der Investoren für die Finanzinformationen und führt zu besseren Analyse- und Vergleichsmöglichkeiten.[44]

---

[41]   Vgl. SFAS 130.A45 und 130.A67.
[42]   Vgl. SFAS 130.A67.
[43]   Vgl. Abschnitt 8.3.2 und Campbell/Crawford/Franz (1999), S. 19.
[44]   Vgl. Johnson/Reither/Swieringa (1995), S. 132.

2.3.2 Verbesserter Informationsgebrauch

Verschiedene Studien haben gezeigt, dass Informationen stärker in die Beurteilung und Entscheidungsfindung der Investoren einbezogen werden, wenn sie klar und verständlich dargestellt sind. Zudem werden Informationen stärker gewichtet, wenn sie als wichtiger wahrgenommen werden.[45] Eine Offenlegung der Komponenten des Other Comprehensive Income in der Ergebnisberichterstattung deutet für die Investoren darauf hin, dass diese Positionen Erfolgsgrössen sind, die für die Beurteilung der Unternehmensperformance zu berücksichtigen sind. Sie werden enger mit dem Nettoeinkommen verknüpft und dadurch stärker gewichtet.[46] Zudem kann sichergestellt werden, dass die Investoren diese Sachverhalte, die das Nettoeinkommen erst in zukünftigen Perioden beeinflussen, nicht übersehen.[47] Sie werden daran gehindert, sich nur auf eine einzige Gewinngrösse, das Nettoeinkommen, zu verlassen. Die Art, in welcher eine Information präsentiert wird, kann somit die Beurteilung und Entscheidungsfindung der Investoren beeinflussen und dadurch den Informationsgebrauch verbessern.

2.3.3 Verbesserte Beurteilung der Unternehmensperformance

Es wird kritisiert, dass mit dem Other Comprehensive Income gewisse Ergebnisbestandteile aus der Erfolgsrechnung ausgeschlossen werden, obwohl ein solcher Ausschluss nicht einleuchtend begründet werden kann. Grund für die erfolgsneutrale Erfassung dieser Ergebnisbestandteile waren hauptsächlich die Schwierigkeiten in der Konsensfindung bei der vom FASB vorangetriebenen Bewertung zum Marktwert.[48] Das Ziel der Rechnungslegung nach US GAAP besteht in der Vermittlung entscheidungsnützlicher[49] Informationen. Daher sollten sämtliche Ergebniskomponenten, die für die Entscheidungsfindung von Nutzen sind, transparent in der Ergebnisberichterstattung ausgewiesen werden.[50]

Nach Ansicht der Standardsetzer üben alle Ergebniskomponenten Einfluss auf den Unternehmenswert aus, auch ausserordentliche und einmalige Erträge beziehungsweise Aufwendungen.[51] Beispielsweise können versicherungsmathematische Gewinne oder Verluste aufgrund von Pensionsverpflichtungen einen wesentlichen Einfluss auf die finanzielle Entwicklung des Unternehmens und somit auf den Unternehmenswert aufweisen. Das Comprehensive Income ist das einzige Mass,

---

[45] Vgl. Cahan et al. (2000), S. 1285 und Bloomfield/Nelson/Smith (2006), S. 390-391.
[46] Vgl. Maines/McDaniel (2000), S. 187.
[47] Vgl. Stickney/Brown/Wahlen (2007), S. 24-25.
[48] Vgl. Bogajewskaja (2007), S. 49.
[49] Unter US GAAP bedeutet entscheidungsnützlich, dass die Informationen relevant und verlässlich sind. Vgl. CON 5.9.
[50] Vgl. Meyer/Spreiter (1999), S. 510 und CON 1.9.
[51] Vgl. SFAS 133.C229 und IAS 1.BC22.

das alle Quellen der Wertgenerierung beinhaltet. Es separiert die Wertgenerierung von der Wertverteilung, die im Eigenkapitalnachweis zu finden ist.[52] Denn die Wertverteilung, wie z.B. das Ausschütten von Dividenden an Anteilseigner, generiert keinen zusätzlichen Wert.[53] Somit kann die Unternehmensperformance am besten beurteilt werden, wenn das Comprehensive Income als Basis gewählt wird.[54]

2.3.4 Erleichtertes Erkennen von Earnings Management

Ein weiterer Vorteil einer Offenlegung des Other Comprehensive Income in der Ergebnisberichterstattung ist, dass die Investoren Earnings Management besser erkennen können. Earnings Management beschreibt die Manipulation von Gewinngrössen des Unternehmens durch das Management, um die Performance des Unternehmens besser darzustellen beziehungsweise um die Erwartungen der Investoren zu treffen.[55] Durch das gezielte Realisieren von bis anhin unrealisierten Gewinnen und Verlusten kann das Nettoeinkommen kurzfristig erhöht beziehungsweise gesenkt werden.

Studien zeigen, dass Unternehmen mit grösseren unrealisierten Gewinnen und Verlusten aus Available-for-Sale-Wertpapieren häufiger das Other Comprehensive Income im Eigenkapitalnachweis zeigen. Somit vermeiden Unternehmen mit mehr Chancen, Earnings Management zu betreiben eine transparentere Offenlegung. Denn bei einer transparenteren Berichterstattung der Komponenten des Other Comprehensive Income werden die opportunistischen Verkäufe sichtbarer dargestellt. Dadurch werden diese von den Investoren leichter erkannt, was zu einer geringeren Beeinflussung ihrer Entscheidungen führt.[56]

2.3.5 Reduktion von Earnings Management

Durch die vergrösserte Transparenz der Finanzberichterstattung neigt das Management weniger dazu, Earnings Management zu betreiben. Verschiedene Studien zeigen, dass transparentere Berichterstattungsformate Earnings Management sogar signifikant reduzieren.[57] Denn bei einer grösseren Transparenz sinkt dessen

---

[52] Vgl. Chambers et al. (2007), S. 561.
[53] Vgl. American Accounting Associations's Financial Accounting Standards Committee (1997), S. 121.
[54] Für Anteilseigner ist die Abgrenzung der Transaktionen, die nicht mit ihnen selber getätigt wurden von grosser Bedeutung. Denn so können sie die Transaktionen, die für sie nur einen Werttransfer darstellen von den wertgenerierenden Tätigkeiten differenzieren. Vgl. Penman (2003), S. 82.
[55] Vgl. Meyer (2009a), S. 61-63 und Healy/Wahlen (1999), S. 368.
[56] Vgl. Bamber et al. (2010), S. 99 und Hirst/Hopkins (1998), S. 49.
[57] Vgl. Ruhnke (2008), S. 355 und Hunton/Libby/Mazza (2006), S. 135-136.

erwarteter Nutzen, da das Risiko höher ist, dass es von Dritten erkannt wird. Somit diszipliniert das Comprehensive Income die Managerinnen und Manager.[58] Durch das seltenere Ausüben von Earnings Management werden die Investoren weniger in ihren Entscheidungen beeinflusst und somit weniger irregeführt. Zudem kann das Management weniger stark seine aktienbasierten Vergütungen maximieren.[59]

2.3.6 Berücksichtigung des Other Comprehensive Income durch das Management

Basieren Vergütungssysteme auf dem Comprehensive Income, zwingt dies das Management dazu, alle Bestandteile des Comprehensive Income für seine Entscheidungsfindung zu berücksichtigen. Somit hat es auch die Komponenten des Other Comprehensive Income in seine Überlegungen einzubeziehen.[60] Dadurch werden sämtliche Faktoren berücksichtigt, die den Wert beeinflussen, was zu einer verbesserten Entscheidungsfindung führt. Denn nach Ansicht der Standardsetzer üben sämtliche Ergebniskomponenten Einfluss auf den Unternehmenswert aus (vgl. Abschnitt 2.3.3).[61]

2.4 Kritik an der Offenlegung in der Ergebnisberichterstattung

Die Offenlegung des Other Comprehensive Income in der Ergebnisberichterstattung wird vor allem von Seiten der Unternehmen stark kritisiert, obwohl dadurch keine neuen Informationen verlangt werden. Beinahe 300 Stellungnahmen wurden zum Entwurf des SFAS 130 eingereicht. Dies zeigt die Bedenken der Anwender, dass die Investoren durch die transparentere Berichterstattung in ihrer Entscheidungsfindung beeinflusst werden, wobei der Entwurf eine Offenlegung des Other Comprehensive Income im Eigenkapitalnachweis noch nicht vorgesehen hat. Genannt werden diverse Vorbehalte gegenüber einer Offenlegung in der Ergebnisberichterstattung (vgl. Abb. 2/3).[62]

---

[58] Vgl. Chambers et al. (2007), S. 561.
[59] Vgl. Venkatachalam (2000), S. 204.
[60] Vgl. Chambers et al. (2007), S. 561.
[61] Vgl. SFAS 133.C229 und IAS 1.BC22.
[62] Vgl. Hirst (2006), S. 695 und Yen/Hirst/Hopkins (2007), S. 73.

Abb. 2/3:   Kritik an der Offenlegung in der Ergebnisberichterstattung

2.4.1 Verwirrung bei den Abschlussadressaten

Von den Anwendern wird am häufigsten befürchtet, dass es zu Verwirrung bei
den Abschlussadressaten führt, wenn zwei Erfolgsgrössen berichtet werden, das
Nettoeinkommen und das Comprehensive Income.[63] Das Nettoeinkommen wird
lediglich als Zwischentotal wahrgenommen und der Fokus wird auf das Comprehensive Income gelenkt, die letzte Zahl der Ergebnisberichterstattung. Diese wird
aufgrund ihrer prominenten Darstellung als Mass für die Performance des Unternehmens betrachtet. Dadurch basieren die Abschlussadressaten ihre Investitions-
beziehungsweise Kreditentscheidungen nicht auf der richtigen Erfolgsgrösse.
Denn aus Sicht der Kritiker müsste das Nettoeinkommen für die Entscheidungen
verwendet werden, da die Komponenten des Other Comprehensive Income für die
Prognose zukünftiger Geldflüsse irrelevant sind (vgl. Abschnitt 2.4.3).[64]

2.4.2 Zunehmende Volatilität des Aktienkurses

Da die Komponenten des Other Comprehensive Income teilweise grossen Wertschwankungen, z.B. aufgrund von Wechselkursänderungen bei Fremdwährungen,
unterworfen sind, ist das Comprehensive Income über die Jahre volatiler als das
Nettoeinkommen. Dadurch befürchten die Anwender, dass ihre Performance von
den Investoren als stärker schwankend wahrgenommen wird. Denn bei einer

---

[63]   Diese Befürchtung wird in 73% der Stellungnahmen erwähnt. Vgl. Yen/Hirst/Hopkins
       (2007), S. 68.
[64]   Vgl. Hirst/Hopkins (1998), S. 52 und SFAS 130.A60.

transparenteren Berichterstattung wird das volatilere Ergebnis hervorgehoben. Ist
dies der Fall, werden die Unternehmen als risikoreicher wahrgenommen, was eine
grössere Volatilität des Aktienkurses zur Folge hat.[65] Die Anwender vermeiden in
der Regel einen volatileren Aktienkurs, da ein solcher zu höheren Eigenkapitalkosten führt. Denn die Investoren fordern höhere Gewinne, um das angestiegene
wahrgenommene Risiko zu kompensieren. Zusätzlich können auch die Fremdkapitalkosten ansteigen.[66]

2.4.3 Fehlende Prognoserelevanz

Die Komponenten des Other Comprehensive Income sind ausserordentlich und
einmalig und daher nach Ansicht der Anwender für die Prognose zukünftiger
Geldflüsse irrelevant. Somit ist ihrer Meinung nach das Comprehensive Income
kein geeignetes Performancemass des Unternehmens, sondern es erschwert die
Prognose zukünftiger Gewinne, da die Komponenten des Other Comprehensive
Income das Ergebnis verzerren. Daher soll es nicht allzu prominent dargestellt
werden.[67] Eine transparente Darstellung erhöht die Wahrscheinlichkeit, dass das
Comprehensive Income als Performancemass genutzt wird. Nach Meinung der
Anwender wirkt sich eine transparente Berichterstattung vor allem auf nichtprofessionelle Investoren nachteilig aus, die aufgrund ihres begrenzten Verständnis-
ses von Finanzinformationen stärker durch das Darstellungsformat des Other
Comprehensive Income beeinflusst werden.[68] Dies zeigt, dass die Unternehmen
wenig Vertrauen in die Fähigkeit der Investoren besitzen, wertrelevante Informationen aus der Finanzberichterstattung zu entnehmen.[69] Sie sind der Ansicht, dass
die Investoren mehr Aufmerksamkeit auf aggregierte Werte legen und die Einflüsse der einzelnen Komponenten des Other Comprehensive Income nicht berücksichtigen.[70] Die Anwender befürchten somit, dass das Comprehensive Income als
Performancemass genutzt wird, obwohl die Bestandteile des Other Comprehensive Income für die Vorhersage zukünftiger Geldflüsse bedeutungslos sind.

---

[65] Vgl. Graham/Harvey/Rajgopal (2005), S. 49 und Venkatachalam (2000), S. 204.
[66] Vgl. Venkatachalam (2000), S. 204.
[67] Vgl. Chambers et al. (2007), S. 561 und Yen/Hirst/Hopkins (2007), S. 70.
[68] Vgl. Maines/McDaniel (2000), S. 180-182.
[69] Vgl. Yen/Hirst/Hopkins (2007), S. 69.
[70] Vgl. Tarca (2006), S. 347.

2.4.4 Fehlende Repräsentativität

Es wird argumentiert, dass das Comprehensive Income lediglich Marktwertände-rungen von Available-for-Sale-Wertpapieren zeigt. Diejenigen anderer Finanzan-lagen wie z.B. Held-to-Maturity-Wertpapiere[71] sowie sämtlicher Finanzverbind-lichkeiten wie z.B. Sichteinlagen sind nicht Teil des Comprehensive Income. Diese einseitige Erfassung der Marktwertänderungen kann zu einer verzerrten Wahrnehmung der Risikosituation führen. Insbesondere bei Banken und Versiche-rungen, die ihr Zinsrisiko absichern, kann dadurch der Eindruck entstehen, dass sie einem besonders hohen Zinsrisiko ausgesetzt sind.[72] Die Anwender befürchten somit, dass durch das Comprehensive Income die ökonomischen Risiken und die Performance der Unternehmen irreführend dargestellt werden, da lediglich teil-weise eine Bewertung zum Marktwert vorgenommen wird.

2.4.5 Ungeeignetes Mass für die Beurteilung des Managements

Die Kritiker von SFAS 130 argumentieren, dass die unrealisierten Gewinne und Verluste des Other Comprehensive Income auch auf Marktgegebenheiten wie z.B. Zinsschwankungen basieren, die das Management weder kontrollieren noch beeinflussen kann. Daher eignen sich diese Positionen nicht zur Leistungsbemes-sung des Managements und sollten nicht in einem Abschlussbestandteil gezeigt werden, der die Performance des Unternehmens widerspiegelt.[73] Zudem befürch-ten die Anwender, dass bei einer grösseren Volatilität des Ergebnisses das Unter-nehmen als risikoreicher wahrgenommen wird (vgl. Abschnitt 2.4.2). Dies führt neben einem volatileren Aktienkurs auch dazu, dass das Management als weniger kompetent beurteilt wird.[74] Das Nettoeinkommen ist ihrer Ansicht nach besser als Basis für das Vergütungssystem geeignet.[75] Denn es zeigt, ob der Erlös aus dem Verkauf von Produkten ausreicht, um die Kosten aus deren Produktion zu decken. Damit kann beurteilt werden, ob Entscheidungen aus der Vergangenheit richtig waren. Zudem ist die Entschädigung des Managements volatiler, wenn sie auf dem Comprehensive Income basiert.[76]

---

[71] Held-to-Maturity-Wertpapiere werden zu fortgeführten Anschaffungskosten erfasst. Vgl. Abschnitt 3.1.2.

[72] Vgl. Hirst/Hopkins/Wahlen (2004), S. 457 und Bogajewskaja (2007), S. 127.

[73] Vgl. Chambers et al. (2007), S. 561 und SFAS 130.A60.

[74] Vgl. Graham/Harvey/Rajgopal (2005), S. 48-50.

[75] Vgl. Holthausen/Watts (2001), S. 47-48.

[76] Vgl. Van Cauwenberge/De Beelde (2007), S. 9.

2.4.6 Risiko der Änderung unternehmensinterner Richtlinien

Schliesslich wird befürchtet, dass die Unternehmen ihre internen Richtlinien ändern, um die Volatilität des Comprehensive Income zu reduzieren. Dies bedeutet, dass sie ihre Absicherungsgeschäfte einschränken und sich stärker den Kursschwankungen aussetzen. Dadurch fliessen weniger Erfolge aus solchen Geschäften in das Comprehensive Income, was dazu führt, dass jenes weniger volatil ist. Die Unternehmen versuchen somit, negative Reaktionen der Investoren zu verhindern. Eine transparentere Berichterstattung des Other Comprehensive Income kann somit die operativen Geschäftstätigkeiten beeinflussen.[77]

2.4.7 Fazit zu den Kritikpunkten

Einige dieser Kritikpunkte können abgeschwächt werden. Beispielsweise das Argument, dass eine Offenlegung des Other Comprehensive Income in der Ergebnisberichterstattung Verwirrung bei den Abschlussadressaten stiftet. Die Unternehmen kreieren selber verschiedene Gewinngrössen, wie z.B. Earnings Before Interest, Taxes, Depreciation, and Amortization (EBITDA) oder Pro-Forma-Gewinne.[78] Somit existieren bereits verschiedene Performancemasse. Die Verwirrung der Investoren dürfte durch ein weiteres Performancemass nicht allzu stark erhöht werden.[79]

Die Anwender befürchten, dass die Bestandteile des Other Comprehensive Income für die Prognose zukünftiger Geldflüsse irrelevant sind, da es sich um ausserordentliche und einmalige Positionen handelt. Ein negatives Other Comprehensive Income kann jedoch zukünftige Gewinne reduzieren, da es sich dabei um im jetzigen Zeitpunkt im Wert beeinträchtigte Positionen handeln kann, die möglicherweise in zukünftigen Perioden realisiert werden. Somit ist davon auszugehen, dass die Positionen des Other Comprehensive Income einen Einfluss auf die zukünftigen Unternehmensgewinne ausüben können und für die Prognose der zukünftigen Geldflüsse zumindest teilweise relevant sind.[80]

Dem Argument, dass die Komponenten des Other Comprehensive Income nicht für die Beurteilung des Managements geeignet sind und daher nicht in der Ergebnisberichterstattung offen gelegt werden sollen, kann entgegnet werden, dass Anlagestrategien letztlich in der Kompetenz der Geschäftsleitung liegen. Ein wirkungsvolles Absichern von Wertpapieren ist ein Hinweis, wie effektiv das

---

[77] Vgl. Yen/Hirst/Hopkins (2007), S. 69-70.
[78] Pro-Forma-Gewinne sind Erfolgsgrössen, die um verschiedene Positionen (z.B. einmalige oder ausserbetriebliche Positionen) bereinigt werden und dadurch von den traditionellen Erfolgen abweichen. Vgl. Passardi (2006), S. 48-49.
[79] Vgl. Hirst (2006), S. 695.
[80] Vgl. Leibfried/Amann (2002), S. 197.

Management mit den Ressourcen der Investoren umgeht.[81] Somit sind unrealisierte Gewinne und Verluste bei der Beurteilung der Performance des Managements zu berücksichtigen.

Schliesslich zeigt die Studie von Hodder, Hopkins und Wahlen, dass die Volatilität der Jahresergebnisse mehr als dreimal grösser ist, wenn alle Positionen zum Marktwert bewertet werden. Die Befürchtung, dass das Comprehensive Income irreführend ist, da das Fair Value Accounting lediglich teilweise angewendet wird, kann somit nicht bestätigt werden.[82]

Nicht abgeschwächt werden kann die Befürchtung, dass die Aktienkursvolatilität zunimmt und dadurch die Finanzierungskosten steigen sowie dass unternehmensinterne Richtlinien geändert werden. Aufgrund ihrer Bedenken bezüglich einer transparenteren Berichterstattung des Other Comprehensive Income weisen die Unternehmen dieses mehrheitlich im Eigenkapitalnachweis aus. Lediglich rund 20% der Unternehmen legen es in der Ergebnisberichterstattung offen.[83]

2.5 Aktuelle Entwicklungen

Seit 2004 besteht ein gemeinsames Projekt «Financial Statement Presentation» des FASB sowie des IASB. Ziel dieses Projekts ist es, die Entscheidungsnützlichkeit der Finanzinformationen zu erhöhen, so dass die Performance der Unternehmen besser beurteilt werden kann.[84] Das Projekt besteht aus drei Phasen (vgl. Abb. 2/4). Mit der Publikation der überarbeiteten Version des IAS 1 «Presentation of Financial Statements» im September 2007 wurde die erste Phase des Gemeinschaftsprojekts abgeschlossen. Diese hatte zum Ziel, die Darstellung des Jahresabschlusses zu harmonisieren und eine Gesamtergebnisrechnung (Statement of Comprehensive Income) zu verlangen, die sämtliche Erfolgspositionen beinhaltet.[85] Anzuwenden ist dieser überarbeitete Standard seit dem Geschäftsjahr 2009. Unternehmen, die ihren Jahresabschluss nach IFRS erstellen, haben das Comprehensive Income sowie die Komponenten des Other Comprehensive Income zwingend in der Ergebnisberichterstattung offen zu legen. Dabei haben sie ein Wahlrecht, das Comprehensive Income sowie die Komponenten des Other Comprehensive Income sind entweder in einem separaten Abschlussbestandteil zu berichten, in dem vom Gewinn oder Verlust zum Gesamtergebnis übergeleitet wird (Two-Statement Approach) oder im selben Abschlussbestandteil wie die

---

[81]   Vgl. Keating (1999), S. 338.
[82]   Vgl. Hodder/Hopkins/Wahlen (2006), S. 337.
[83]   Vgl. Bamber et al. (2010), S. 106.
[84]   Vgl. Newberry (2003), S. 332.
[85]   Vgl. Van Cauwenberge/De Beelde (2007), S. 3 und IAS 1.IN2-4.

übrigen Erfolgspositionen zu zeigen (One-Statement Approach).[86] Eine Offenlegung im Eigenkapitalnachweis ist nicht mehr gestattet.[87]

Abb. 2/4:   Projekte «Financial Statement Presentation» und «Statement of
             Comprehensive Income»

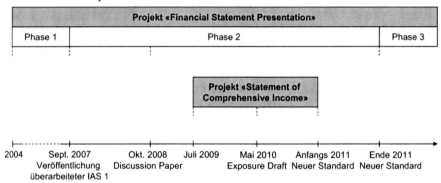

Im Rahmen der zweiten Phase des Projekts soll die zwingende Offenlegung des Other Comprehensive Income in der Ergebnisberichterstattung ebenfalls unter US GAAP gelten, die bis anhin eine Berichterstattung im Eigenkapitalnachweis gestatten. Zusätzlich soll die Möglichkeit einer Darstellung in einem separaten Abschlussbestandteil (Two-Statement Approach) eliminiert werden. Und es werden grundsätzliche Fragen bezüglich Zusammenfassen und Aufschlüsseln von Informationen behandelt, die im Jahresabschluss gezeigt werden sollen sowie neue Totale und Zwischentotale definiert.[88] Ziel ist, die Geschäftätigkeiten der Unternehmen in sich geschlossen abzubilden und Informationen so aufzuschlüsseln, dass zukünftige Geldflüsse leichter prognostiziert werden können. Es ist geplant, dass Ende 2011 ein neuer Standard publiziert wird.

Im Oktober 2008 wurde ein Discussion Paper veröffentlicht. Die Stellungnahmen zeigten, dass die Anwender der Ansicht sind, die Investoren wären verunsichert bei einer Berichterstattung des Other Comprehensive Income im selben Abschlussbestandteil wie das Nettoeinkommen. Zudem befürchten sie, dass das Nettoeinkommen von den Standardsetzern langfristig eliminiert wird.[89]

Seit Juli 2009 wird die Darstellung des Other Comprehensive Income vom FASB und vom IASB als separates Projekt «Statement of Comprehensive Income»

---

[86] Vgl. IAS 1.81-82 und 1.139.
[87] Vgl. Goncharov/Hodgson (2008), S. 6.
[88] Vgl. Financial Accounting Standards Board (Hrsg.) (2008), S. XVI.
[89] Vgl. International Accounting Standards Board (Hrsg.) (2010), S. 20.

behandelt. Denn für verschiedene laufende Projekte wie z. B. bezüglich Finanzinstrumente oder Pensionsverpflichtungen wird das Other Comprehensive Income immer wichtiger.[90] Mit dieser Separierung können die Änderungen bezüglich Other Comprehensive Income rascher umgesetzt werden, da das Projekt «Financial Statement Presentation» mehr Zeit für die Inkraftsetzung benötigen wird.[91] Im Mai 2010 veröffentlichten das FASB und das IASB einen Exposure Draft im Rahmen des Projekts «Statement of Comprehensive Income». Ein Standard soll anfangs 2011 erscheinen.[92]

Die dritte Phase des Projekts «Financial Statement Presentation» deckt die Darstellung der Zwischenberichterstattung ab. Dabei ist geplant, hauptsächlich die Regelungen unter US GAAP zu überarbeiten.[93]

---

[90] Vgl. Financial Accounting Standards Board (Hrsg.) (2010), S. 1.
[91] Vgl. International Accounting Standards Board (Hrsg.) (2009), S. 11.
[92] Vgl. Financial Accounting Standards Board (Hrsg.) (2010), S. 40.
[93] Vgl. Financial Accounting Standards Board (Hrsg.) (2008), S. 1.

3. Kapitel: Other Comprehensive Income nach US GAAP

Nachfolgend werden die Bestandteile des Other Comprehensive Income erläutert und es wird auf den Zweck von Umgliederungen sowie deren Behandlung eingegangen. Schliesslich werden die unter US GAAP erlaubten Berichterstattungsformate des Other Comprehensive Income aufgezeigt.

3.1 Bestandteile des Other Comprehensive Income

Zum Other Comprehensive Income zählen unter US GAAP folgende Positionen:[94]

- Umrechnungsdifferenzen aus der Fremdwährungsumrechnung in Zusammenhang mit selbständigen ausländischen Tochterunternehmen nach SFAS 52 «Foreign Currency Translation»
- Unrealisierte Veränderungen des Marktwerts von Available-for-Sale-Wertpapieren nach SFAS 115 «Accounting for Certain Investments in Debt and Equity Securities»
- Effektiver Teil der Gewinne oder Verluste von Cashflow Hedges nach SFAS 133 «Accounting for Derivative Instruments and Hedging Activities»
- Über- beziehungsweise Unterdeckung von Pensionsverpflichtungen nach SFAS 87 «Employers' Accounting for Pensions» und SFAS 158 «Employers' Accounting for Defined Benefit Pension and Other Postretirement Plans».

3.1.1 Umrechnungsdifferenzen aus der Währungsumrechnung

Ein Bestandteil des Other Comprehensive Income entsteht bei der Konsolidierung selbständiger, ausländischer Tochterunternehmen. Durch die Umrechnung des in einer Fremdwährung erstellten Einzelabschlusses in die Konzernwährung erfolgt eine Transformation des Jahresabschlusses mit unterschiedlichen Wechselkursen, was zu Umrechnungsdifferenzen führt. Die Umrechnung erfolgt gemäss dem unter US GAAP geltenden Konzept der funktionalen Währung.[95]

Die funktionale Währung eines Unternehmens ist die Währung des ökonomischen Umfelds, in der das Unternehmen in erster Linie tätig ist. Sie ist anhand verschiedener Indikatoren zu bestimmen (vgl. Abb. 3/1).[96] Dabei geht es in erster Linie um den Grad der Selbständigkeit, den ausländische Tochterunternehmen in ihrer Geschäftstätigkeit besitzen. Bei selbständigen Tochterunternehmen (Foreign

---

[94] Vgl. Epstein/Nach/Bragg (2008), S. 68.
[95] Vgl. Leibfried/Amann (2002), S. 192.
[96] Vgl. SFAS 52.5.

Entities) ist die funktionale Währung in der Regel deren Landeswährung. Die funktionale Währung unselbständiger Tochterunternehmen (Foreign Operations), die als «verlängerter Arm» des Mutterunternehmens handeln, ist in der Regel die Währung des Mutterunternehmens.[97]

Abb. 3/1:   Bestimmungsfaktoren der Funktionalwährung[98]

Gemäss Konzept der funktionalen Währung ist der Abschluss des Unternehmens zuerst in die Funktionalwährung des Unternehmens umzurechnen, sofern er nicht bereits in dieser vorliegt. Dies erfolgt mit der Zeitbezugsmethode. Anschliessend ist in einem zweiten Schritt die Umrechnung mit der modifizierten Stichtagskursmethode in die Konzernwährung vorzunehmen, wenn diese nicht mit der Funktionalwährung übereinstimmt (vgl. Abb. 3/2).[99] Unselbständige Tochterunternehmen werden somit in der Regel mit der Zeitbezugsmethode umgerechnet, selbständige Tochterunternehmen mit der modifizierten Stichtagskursmethode. Ziel ist, die Abschlüsse der verschiedenen Konzernunternehmen so darzustellen, als ob es sich um den Abschluss eines einzigen Unternehmens handelt. Dabei werden die Geschäftsvorfälle und die finanzielle Strukturen der Tochterunternehmen so in den Konzernabschluss integriert, wie wenn die Geschäfte in der funktionalen Währung getätigt worden wären.[100]

---

[97]   Vgl. SFAS 52.6.
[98]   In Anlehnung an SFAS 52.A42.
[99]   Vgl. Meyer (2006), S. 95 und SFAS 52.10.
[100] Vgl. SFAS 52.4 und 52.10.

Abb. 3/2:   Konzept der funktionalen Währung[101]

Berichtswährung Einzelabschluss	Zeitbezugs- methode	Funktional- währung	Mod. Stichtags- kursmethode	Konzernwährung Konzernabschluss

Die Umrechnung der Geschäftsvorfälle und der finanziellen Strukturen der Tochterunternehmen mit der Zeitbezugsmethode in die Funktionalwährung erfolgt so, als ob die Tochterunternehmen ihre Geschäfte in der funktionalen Währung getätigt hätten.[102] Dabei sind die monetären Vermögenswerte und Schulden mit dem Kurs am Bilanzstichtag, die nicht monetären Bilanzpositionen sowie das Eigenkapital mit historischen Wechselkursen umzurechnen. Erträge und Aufwendungen, die sich auf nicht monetäre Aktiven oder Passiven beziehen, werden mit denselben Wechselkursen ermittelt, die bei der Umrechnung der betreffenden Aktiven und Passiven verwendet wurden. Die übrigen Erträge und Aufwendungen sind mit dem Wechselkurs zum Zeitpunkt des jeweiligen Geschäftsvorfalls beziehungsweise mit dem gewichteten Durchschnittskurs der betreffenden Periode umzurechnen. Durch die unterschiedliche Umrechnung der Positionen ergeben sich Differenzen. Diese sind erfolgswirksam zu behandeln.[103]

Werden die Abschlüsse mit der modifizierten Stichtagskursmethode von der Funktionalwährung in die Konzernwährung umgerechnet, sind die Geschäftsvorfälle und die finanziellen Strukturen der Tochterunternehmen möglichst unverzerrt darzustellen, da die Abschlüsse bereits in der funktionalen Währung vorliegen. Es sind ausser dem Eigenkapital alle Bilanzpositionen mit dem Kurs am Bilanzstichtag umzurechnen; beim Eigenkapital werden historische Kurse verwendet. Die Erfolgspositionen sind mit dem Wechselkurs zum Zeitpunkt des jeweiligen Geschäftsvorfalls beziehungsweise mit dem gewichteten Durchschnittskurs der betreffenden Periode umzurechnen.[104] Umrechnungsdifferenzen sind, einschliesslich der sich daraus ergebenden Steuereffekte, erfolgsneutral im Eigenkapital separat unter dem Other Comprehensive Income auszuweisen.[105] Wird das ausländische Unternehmen verkauft oder liquidiert, ist die auf dieses Unternehmen entfallende Umrechnungsdifferenz im Other Comprehensive Income zu eliminieren und als Teil des Gewinns oder Verlusts aus Verkauf oder Liquidation auszuweisen. Begründet wird diese erfolgsneutrale Behandlung der Umrechnungsdiffe-

---

[101]   In Anlehnung an Meyer (2007), S. 182.
[102]   Vgl. Meyer (2007), S. 181.
[103]   Vgl. SFAS 52.10 und SFAS 52.B47-B48.
[104]   Vgl. Epstein/Nach/Bragg (2008), S. 1048 und SFAS 52.12.
[105]   Vgl. SFAS 52.13 und 52.24.

renzen mit der bis zum Verkauf oder zur Liquidation fehlenden Auswirkung auf die Zahlungsströme des Mutterunternehmens.[106]

3.1.2 Unrealisierte Gewinne oder Verluste aus Available-for-Sale-Wertpapieren

Eine weitere Komponente des Other Comprehensive Income entsteht im Zusammenhang mit Marktwertänderungen von Wertpapieren. Gemäss SFAS 115 erfolgt die Klassifizierung von Wertpapieren[107] nach deren Verwendungszweck. Sie sind in eine der drei Kategorien «Held-to-Maturity», «Trading» oder «Available-for-Sale» einzuteilen (vgl. Abb. 3/3).[108]

Abb. 3/3:   Klassifizierung und Erfassung von Wertpapieren

Kategorie	Klassifizierung	Erfassung
Held-to-Maturity	Absicht und finanzielle Fähigkeit, das Wertpapier bis zum Ende der Laufzeit zu halten	Erfassung zu fortgeführten Anschaffungskosten
Trading	Absicht, das Wertpapier kurzfristig zu verkaufen	Erfassung zum Marktwert
Available-for-Sale	Restliche Wertpapiere	Erfassung zum Marktwert, unrealisierte Gewinne und Verluste aufgrund Marktwertänderungen sind über das Other Comprehensive Income zu erfassen

Unter Held-to-Maturity fallen Wertpapiere, bei denen das Unternehmen die Absicht und die finanzielle Fähigkeit besitzt, diese bis zum Ende der Laufzeit zu halten. Hat das Unternehmen lediglich keine feste Absicht, das Wertpapier zu verkaufen, ist eine Kategorisierung als Held-to-Maturity nicht vorgesehen. Held-to-Maturity-Wertpapiere werden zu ihren fortgeführten Anschaffungskosten (Amortized Costs) erfasst. Dies bedeutet, dass die Differenz zwischen den Anschaffungskosten und dem Nominalwert des Wertpapiers erfolgswirksam auf dessen Laufzeit verteilt wird.[109] Unrealisierte Gewinne und Verluste werden nicht erfasst, da diese sich bis zur Fälligkeit des Wertpapiers wieder ausgleichen werden.[110] Am Ende der Laufzeit entsprechen die Anschaffungskosten dem

---

[106] Vgl. SFAS 52.14 und 52.111.
[107] Unter SFAS 115 sind Investitionen in Unternehmen (Equity Securities) und in verzinsliche Wertpapiere (Debt Securities) geregelt. Vgl. SFAS 115.1.
[108] Vgl. SFAS 115.6.
[109] Vgl. Meyer/Fiechter (2008), S. 12-13.
[110] Vgl. KPMG (Hrsg.) (2007), S. 65 und SFAS 115.7 und 115.59.

Nominalwert. Das Wertpapier wird ohne Auswirkungen auf das Ergebnis zurück-bezahlt.[111]

Als Trading werden diejenigen Wertpapiere klassifiziert, die mit der Absicht des kurzfristigen Wiederverkaufs erworben werden. In diese Kategorie fallen Wertpapiere, die aktiv und häufig gehandelt werden. Trading-Wertpapiere sind zum Marktwert anzusetzen. In den Folgeperioden werden unrealisierte Gewinne und Verluste aufgrund von Marktwertänderungen sofort erfolgswirksam erfasst.[112]

Alle Investitionen, die weder als Held-to-Maturity noch als Trading eingestuft sind, stellen Available-for-Sale-Wertpapiere dar.[113] Wertpapiere klassifiziert als Available-for-Sale sind in der Bilanz wie Trading-Wertpapiere zum Marktwert anzusetzen. Die Behandlung unrealisierter Gewinne und Verluste aufgrund von Marktwertänderungen ist jedoch verschieden. Marktwertänderungen sowie dazu-gehörige Steuereffekte von Available-for-Sale-Wertpapieren sind erfolgsneutral im Eigenkapital unter dem Other Comprehensive Income auszuweisen, bis sie realisiert werden. Liegt eine dauerhafte Wertminderung vor, ist die Differenz zwischen Marktwert und fortgeführten Anschaffungskosten erfolgswirksam zu erfassen.[114] Durch den Ausweis vorübergehender Wertänderungen im Other Comprehensive Income soll eine grössere Volatilität der Jahresergebnisse vermie-den werden, die weder auf die Art des Geschäfts noch auf die ökonomische Situation zurückzuführen ist.[115]

Die Kategorisierung der Wertpapiere hat an jedem Stichtag neu zu erfolgen. Wird eine Umgliederung zwischen den Kategorien notwendig, ist sie zum Marktwert vorzunehmen (vgl. Abb. 3/4).[116]

---

[111] Bei einer dauerhaften Wertminderung ist eine erfolgswirksame Wertberichtigung auf den neuen Fair Value des Vermögenswerts zu verbuchen. Dieser Fair Value stellt die neue Wertbasis des Held-to-Maturity-Wertpapiers dar. Erholt sich der Wert des Wertpapiers in den Folgejahren, darf keine Wertaufholung erfasst werden. Vgl. SFAS 115.16.

[112] Vgl. SFAS 115.12-13.

[113] Vgl. SFAS 115.12.

[114] Vgl. SFAS 115.13, 115.16 und 109.36.

[115] Vgl. SFAS 115.93-94.

[116] Vgl. SFAS 115.6 und 115.15.

Abb. 3/4:   Umgliederung von Wertpapieren[117]

Umgliederung	Behandlung unrealisierter Gewinne und Verluste
Held-to-Maturity zu Available-for-Sale	Unrealisierte Gewinne und Verluste sowie deren Steuerwirkung sind erfolgsneutral im Other Comprehensive Income auszuweisen.
Available-for-Sale zu Held-to-Maturity	Die zum Zeitpunkt der Umgliederung vorhandenen unrealisierten Gewinne und Verluste werden weiterhin im Other Comprehensive Income ausgewiesen und über die Restlaufzeit des Wertpapiers erfolgswirksam amortisiert.
Trading zu Available-for-Sale bzw. Held-to-Maturity	Unrealisierte Gewinne und Verluste sind zum Zeitpunkt der Umgliederung bereits erfolgswirksam erfasst und daher nicht im Other Comprehensive Income auszuweisen.
Available-for-Sale bzw. Held-to-Maturity zu Trading	Unrealisierte Gewinne und Verluste sind zum Zeitpunkt des Transfers sofort erfolgswirksam auszuweisen.

3.1.3 Effektiver Teil von Marktwertänderungen aus Cashflow Hedges

Ein weiterer Bestandteil des Other Comprehensive Income ergibt sich aus der Bilanzierung von Derivaten.[118] Gemäss SFAS 133 sind sämtliche Derivate zum Marktwert anzusetzen. Der Gewinn oder Verlust aus Marktwertänderungen ist in der laufenden Periode in voller Höhe erfolgswirksam zu erfassen.[119] Bei Derivaten die als Sicherungsinstrument eingesetzt werden, kann diese erfolgswirksame Behandlung von Marktwertänderungen jedoch problematisch sein. Zwar wird die Marktwertänderung des Derivats durch eine gegenläufige Anpassung beim abgesicherten Grundgeschäft ausgeglichen. Allerdings erfolgt dieser Ausgleich teilweise in unterschiedlichen Perioden. Dies kann zu grossen Schwankungen in der Erfolgsrechnung führen. Um diese Verzerrungen zu vermeiden, hat SFAS 133 spezielle Regelungen zur Bilanzierung von Sicherungsinstrumenten geschaffen, das so genannte Hedge Accounting.[120]

---

[117] Vgl. SFAS 115.15.
[118] Ein Derivat ist ein Finanzinstrument, dessen Wert von einem oder mehreren Basiswerten (z.B. Zinssatz oder Aktienkurs) abhängt, bei dem keine oder lediglich eine geringe Anfangsinvestition erforderlich ist und bei dem der Ausgleich der Nettoposition erlaubt oder erfordert ist. Vgl. Meyer (2009b), S. 265 und SFAS 133.6.
[119] Vgl. SFAS 133.3.
[120] Vgl. KPMG (Hrsg.) (2007), S. 298.

Grundsätzlich existieren drei verschiedene Sicherungsinstrumente: Fair Value Hedges, Cashflow Hedges und Foreign Currency Hedges (vgl. Abb. 3/5).[121] Um die Vorschriften zum Hedge Accounting anwenden zu dürfen, müssen strenge Voraussetzungen u. a. bezüglich Dokumentation, hochgradiger Effektivität des Hedges und Zuverlässigkeit der Bewertung erfüllt sein.[122]

Abb. 3/5:   Klassifizierung und Erfassung von Sicherungsinstrumenten

Kategorie	Klassifizierung	Erfassung
Fair Value Hedges	Absicherung des Risikos bilanzierter Vermögenswerte bzw. Verbindlichkeiten oder bindender, schwebender Verträge	Erfassung zum Marktwert
Cashflow Hedges	Absicherung von variablen, zukünftigen Zahlungsströmen	Erfassung zum Marktwert, effektiver Teil erfolgsneutral im Other Comprehensive Income, ineffektiver Teil erfolgswirksam
Foreign Currency Hedges	Fair Value Hedges oder Cashflow Hedges in Fremdwährung oder Absicherung einer ausländischen Beteiligung	Erfassung analog Fair Value Hedges bzw. Cashflow Hedges, bei ausländischer Beteiligung Erfassung zum Marktwert, effektiver Teil erfolgsneutral im Other Comprehensive Income

Fair Value Hedges dienen zur Absicherung des Risikos bilanzierter Vermögenswerte, bilanzierter Verbindlichkeiten oder bindender, schwebender Verträge.[123] Abgesicherte Risiken sind z. B. Preis-, Zins-, Währungs- oder Ausfallrisiken. Beim Fair Value Hedge sind die Marktwertänderungen des Sicherungsinstruments sowie des abgesicherten Grundgeschäfts erfolgswirksam in derselben Periode zu erfassen. Beim Grundgeschäft ist jedoch nur der Teil der Marktwertänderung erfolgswirksam zu verbuchen, der sich auf das abgesicherte Risiko zurückführen lässt. Handelt es sich beim abgesicherten Grundgeschäft z. B. um ein Available-for-Sale-Wertpapier, ist der dem abgesicherten Risiko zurechenbare Gewinn oder Verlust im Periodenergebnis und nicht im Other Comprehensive Income zu erfassen. Ist nun der Fair Value Hedge vollständig effektiv, gleichen sich die Erfolge von Grundgeschäft und Sicherungsinstrument aus.[124]

Variable, zukünftige Zahlungsströme werden mit einem Cashflow Hedge abgesichert, wobei es sich bei den abgesicherten Zahlungsströmen sowohl um bereits existierende Bilanzpositionen (z. B. variabel verzinsliche Anleihen) als auch um

---

[121] Vgl. SFAS 133.4.
[122] Vgl. SFAS 133.20-21, 133.28-29 und 133.37-40.
[123] Vgl. SFAS 133.18 und 133.20.
[124] Vgl. Ernst & Young (Hrsg.) (2005), S. 413 und SFAS 133.22-23.

geplante Geschäfte (z.B. zukünftiger Kauf einer Maschine) handeln kann. Der ineffektive Teil des Gewinns oder Verlusts des Sicherungsinstruments, d.h. der Teil, der den Gewinn oder Verlust des Grundgeschäfts übersteigt, ist sofort erfolgswirksam zu erfassen. Der effektive Teil wird zunächst erfolgsneutral im Eigenkapital im Other Comprehensive Income erfasst. Die erfolgswirksame Ausbuchung erfolgt erst, wenn das abgesicherte Grundgeschäft ebenfalls erfolgswirksam geworden ist (z.B. über Abschreibungen oder Zinsen).[125] Die Bilanzierung des Sicherungsinstruments ist aufzuheben, wenn eine der folgenden Voraussetzungen erfüllt ist: die Bedingungen für einen Cashflow Hedge sind nicht mehr gegeben, das Sicherungsinstrument wird beendet oder das Unternehmen entfernt die Zuordnung zum Cashflow Hedge. Bis dahin aufgelaufene Gewinne beziehungsweise Verluste verbleiben im kumulierten Other Comprehensive Income und werden kongruent zum Grundgeschäft aufgelöst. Erwartet das Unternehmen, dass das Grundgeschäft kombiniert mit dem Sicherungsinstrument in der Zukunft zu einem Nettoverlust führt, ist der nicht wieder einbringbare Betrag des Other Comprehensive Income sofort erfolgswirksam aufzulösen.[126]

Foreign Currency Hedges sind Fremdwährungsabsicherungen. Zu den Foreign Currency Hedges zählen folgende Sicherungsinstrumente:[127]

- Foreign Currency Fair Value Hedges
  Fair Value Hedge von vertraglich fixierten Verpflichtungen oder von bilanzierten Vermögenswerten beziehungsweise Verbindlichkeiten in Fremdwährung.

- Foreign Currency Cashflow Hedges
  Cashflow Hedge von geplanten Transaktionen (konzernintern oder -extern), von vertraglich fixierten Verpflichtungen oder von Zahlungsströmen im Zusammenhang mit bilanzierten Vermögenswerten beziehungsweise Verbindlichkeiten in Fremdwährung.

- Hedge of a Net Investment in a Foreign Operation
  Absicherung einer Beteiligung an einem ausländischen Unternehmen.

Die ersten beiden Foreign Currency Hedges werden analog den Fair Value Hedges beziehungsweise Cashflow Hedges behandelt. Beim Hedge of a Net Investment in a Foreign Operation wird der effektive Teil der Wertschwankungen erfolgsneutral im Eigenkapital im Other Comprehensive Income erfasst. Im Zeitpunkt des Abgangs des ausländischen Geschäftsbetriebs ist dieser effektive Teil des Sicherungsinstruments erfolgswirksam zu verbuchen.[128]

---

125   Vgl. Hachmeister (2008), S. 329 und SFAS 133.18 und 133.28-31.
126   Vgl. KPMG (Hrsg.) (2007), S. 310 und SFAS 133.31-32.
127   Vgl. SFAS 133.36, 138.4j und 138.B36.
128   Vgl. SFAS 52.13, 52.20 und 133.37-42.

Mit der Einführung der Fair Value-Option können seit 2008 Sicherungsbeziehungen auch ohne die Anwendung von Hedge Accounting dargestellt werden. Die Fair Value-Option erlaubt den Unternehmen, finanzielle Vermögenswerte und Verbindlichkeiten freiwillig zum Marktwert anzusetzen und unrealisierte Gewinne und Verluste aufgrund von Marktwertänderungen erfolgswirksam zu erfassen. Dadurch soll die Anwendung des Standards vereinfacht und die Finanzberichterstattung verbessert werden.[129]

3.1.4 Über- beziehungsweise Unterdeckungen von Pensionsverpflichtungen

Eine weitere Komponente des Other Comprehensive Income entsteht im Zusammenhang mit Pensionsverpflichtungen. Altersvorsorgeleistungen werden nach SFAS 87 in «Defined Contribution Plans» und in «Defined Benefit Plans» unterteilt.[130]

Defined Contribution Plans sind beitragsorientierte Vereinbarungen zur Absicherung des Lebensunterhalts älterer Menschen. Bei beitragsorientierten Pensionsplänen ist das Unternehmen lediglich verpflichtet, Beiträge für den Arbeitnehmer an einen Pensionsfonds zu zahlen. Das Risiko über die Höhe der tatsächlichen Vorsorgeleistungen trägt der Arbeitnehmer. Ein bilanzieller Ausweis der Pensionspläne ist daher nicht erforderlich. Die Beiträge für den Arbeitnehmer sind als Pensionsaufwand zu erfassen.[131]

Defined Benefit Plans stellen leistungsorientierte Vereinbarungen zur Absicherung des Lebensunterhalts älterer Menschen dar. Bei leistungsorientierten Pensionsplänen wird dem Arbeitnehmer durch das Unternehmen und/oder den Pensionsfonds eine Vorsorgeleistung zugesichert. Dieser Pensionsanspruch des Arbeitnehmers ist in der Regel abhängig von Alter, Dienstalter und Gehalt. Das Risiko, dass genügend Vermögen vorhanden ist, um die Pensionsverpflichtungen erfüllen zu können, trägt der Arbeitgeber.[132] In den USA stellt der Defined Benefit Plan der vorwiegend verwendete Pensionsplan dar.[133]

Die Bilanzierung leistungsorientierter Pensionspläne ist komplex, da versicherungsmathematische Annahmen erforderlich sind und die Verpflichtung erst mehrere Jahre nach Erbringung der damit zusammenhängenden Arbeitsleistung der Arbeitnehmer fällig wird. Zuerst ist der Nettopensionsaufwand (Net Periodic Pension Cost) zu bestimmen. Dieser stellt den jährlichen Aufwand dar, den ein

---

[129] Vgl. Meyer (2008a), S. 62, Fiechter (2009), S. 17 und 54 und SFAS 159.1-3.
[130] Vgl. SFAS 87.11 und 87.63.
[131] Vgl. SFAS 87.63-64.
[132] Vgl. SFAS 87.11-12.
[133] Vgl. Hayn/Waldersee (2006), S. 214.

Unternehmen für seine Pensionsverpflichtungen aufbringen muss, entweder durch
Zuweisung an einen ausgelagerten Pensionsfonds oder durch Bildung einer
internen Rückstellung. Bei der Ermittlung des Nettopensionsaufwands sind
verschiedene Einflussgrössen zu berücksichtigen, insbesondere der Barwert des
zusätzlichen Pensionsanspruchs, der durch den Arbeitnehmer im Geschäftsjahr
verdient wurde (vgl. Abb. 3/6).[134]

Abb. 3/6:   Einflussfaktoren bei der Ermittlung des Nettopensionsaufwands[135]

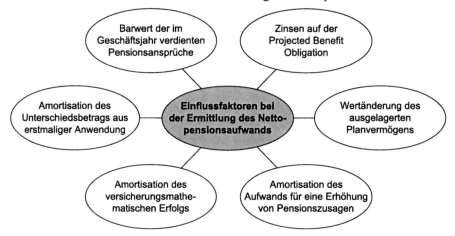

Als Teil des Nettopensionsaufwands sind die Ansprüche auf der Basis des geschätzten Gehaltsniveaus zum Zeitpunkt der Pensionierung (Projected Benefit
Obligation) zu ermitteln. Treten unerwartete Änderungen bezüglich dieser Ansprüche oder bezüglich des Marktwerts des Fondsvermögens[136] ein, z.B. aufgrund
eines Unterschieds zwischen geschätztem und tatsächlichem Eintreten oder
aufgrund von Änderungen der zugrunde liegenden Annahmen, entstehen versicherungsmathematische Gewinne beziehungsweise Verluste.[137] Diese können sich in
den Folgeperioden wieder ausgleichen. Eine sofortige erfolgswirksame Erfassung
der versicherungsmathematischen Gewinne beziehungsweise Verluste kann
aufgrund des teilweise erheblichen Ausmasses solcher Änderungen zu einer
starken Schwankung des Jahresergebnisses führen. Unter SFAS 87 ist daher die

---

[134]   Vgl. Hayn/Waldersee (2006), S. 216 und SFAS 87.20 und 87.D264.
[135]   In Anlehnung an SFAS 87.20-34.
[136]   Das Fondsvermögen beinhaltet Vermögenswerte, die nur zur Erfüllung der Pensionsver-
        pflichtungen des Unternehmens vorgesehen sind. Diese sind zweckgebunden und vom Un-
        ternehmen getrennt (i.d.R. in einem Trust). Vgl. SFAS 87.19.
[137]   Vgl. Suter (2009), S. 27 und SFAS 87.29.

Anwendung der so genannten Korridor-Methode erlaubt, bei welcher versicherungsmathematische Gewinne beziehungsweise Verluste innerhalb eines 10%-
Korridors in den Nebenbüchern geführt werden. Lediglich solche, die den Korri-
dor überschreiten, sind erfolgswirksam zu erfassen und über die durchschnittliche,
zukünftige Restdienstzeit der Begünstigten zu verteilen. Die Obergrenze des
Korridors bildet der höhere Betrag aus 10% der Projected Benefit Obligation und
10% des Marktwerts des Fondsvermögens. Die Untergrenze bildet der negative
Wert dieses Betrags.[138]

Schliesslich ist zu überprüfen, ob die Pensionsverpflichtungen gedeckt sind.
Übersteigt der Barwert aller Ansprüche auf der Basis des aktuellen Gehaltsniveaus
(Accumulated Benefit Obligation, ABO) den Marktwert des Fondsvermögens,
liegt eine Unterdeckung vor.[139] In diesem Fall sind die noch nicht finanzierten
Pensionskosten in Form einer zusätzlichen Mindestpensionsrückstellung (Additio-
nal Minimum Liability) zur Deckung dieser Lücke zu passivieren. Gleichzeitig ist
ein immaterieller Vermögenswert zu aktivieren bis dieser gleich gross ist wie der
nicht amortisierte nachzuverrechnende Dienstzeitaufwand. Darüber hinausgehen-
de Beträge sind unter Berücksichtigung latenter Ertragssteuern erfolgsneutral im
Other Comprehensive Income zu erfassen. Bei einer Überdeckung, d.h. der Marktwert des Fondsvermögens übersteigt die Accumulated Benefit Obligation, ist in
Höhe der Überdeckung ein Vermögenswert zu erfassen.[140]

Seit 2006 ist von den Unternehmen zusätzlich SFAS 158 anzuwenden. Dieser
Standard verändert die Regelungen zum bilanziellen Ausweis einer Über- beziehungsweise Unterdeckung. Für die Berechnung der Über- beziehungsweise Unterdeckung ist nicht die Accumulated Benefit Obligation, sondern die höhere Projected Benefit Obligation ausschlaggebend, die Annahmen über zukünftige Gehaltserhöhungen einbezieht. Somit ist die volle Überdeckung in der Bilanz als Vermögenswert, die volle Unterdeckung als Verbindlichkeit zu erfassen. Die Gegenbu-
chung erfolgt wie unter SFAS 87 erfolgsneutral im Other Comprehensive Income.
In den Folgejahren ist der Betrag über die Restdienstzeit der Begünstigten erfolgswirksam aufzulösen.[141] Unter SFAS 158 ist somit der gesamte Finanzie-
rungsstatus von Pensionsverpflichtungen in der Bilanz ersichtlich. Bisher nicht
bilanzierte Komponenten, wie zukünftige Gehaltserhöhungen, fliessen zusätzlich
in das Other Comprehensive Income.[142]

---

[138] Vgl. Volmer (2008), S. 94 und SFAS 87.32.
[139] Die Unterdeckung wird anhand der Verpflichtung für den Fall des Nichtfortführens des
       Pensionsplans ermittelt, d.h. ohne Berücksichtigung künftiger Gehaltserhöhungen (Accumu-
       lated Benefit Obligation). Vgl. Hayn/Waldersee (2006), S. 218.
[140] Vgl. SFAS 87.35-38.
[141] Vgl. Kristovic/Ambrosini (2007), S. 619-620 und SFAS 158.4 und 158.12.
[142] Vgl. Epstein/Nach/Bragg (2008), S. 883.

3.2 Umgliederungen

Das Other Comprehensive Income enthält alle erfolgsneutralen Eigenkapitalver-
änderungen, die nicht auf Transaktionen mit Anteilseignern basieren. Diese
direkte Verrechnung mit dem Eigenkapital ist allerdings nicht von Dauer. Unter
US GAAP fliessen in der Zukunft alle erfolgsneutral im Other Comprehensive
Income erfassten Sachverhalte in das Nettoeinkommen, indem entsprechende
Gewinne oder Verluste realisiert werden. So werden beispielsweise Gewinne im
Zusammenhang mit Available-for-Sale-Wertpapieren, die zuvor erfolgsneutral im
Other Comprehensive Income erfasst wurden, bei ihrer Realisierung erfolgswirk-
sam als Teil des Nettoeinkommens ausgewiesen. Dadurch wird der Sachverhalt
zweimal im Comprehensive Income gezeigt. Das erste Mal bei der Erfassung
erfolgsneutral im Other Comprehensive Income, das nach SFAS 130 als Teil des
Comprehensive Income gezeigt wird. Das zweite Mal bei der Realisierung erfolgswirksam im Nettoeinkommen, das ebenfalls Teil des Comprehensive Income
ist. Um eine solche doppelte Erfassung im Gesamterfolg zu vermeiden, ist bei der
Realisierung eine entsprechende Umgliederung, eine so genannte Reclassification
Adjustment, in der jeweiligen Kategorie des Other Comprehensive Income vorzunehmen. Die einzelnen Konten des Other Comprehensive Income beinhalten
somit sowohl Wertänderungen aus Folgebewertungen als auch Umgliederungen.[143]

Die Umgliederungen sind für jede Kategorie separat entweder unter dem Other
Comprehensive Income oder im Anhang zu zeigen.[144] Durch diese Offenlegungs-
vorschriften stellt das FASB sicher, dass Umgliederungen transparent gemacht
werden.

3.3 Berichterstattung

Nach SFAS 130 sind die Summe des Comprehensive Income sowie die einzelnen
Komponenten des Other Comprehensive Income gesondert offen zu legen. Dabei
kann zwischen drei verschiedenen Darstellungsarten gewählt werden:[145]

- One-Statement Approach (Statement of Income and Comprehensive Income)
- Two-Statement Approach (Statement of Comprehensive Income)
- Statement-of-Changes-in-Equity Approach.

Beim One-Statement Approach wird die herkömmliche Erfolgsrechnung um die
Komponenten des Other Comprehensive Income sowie das Comprehensive
Income erweitert. Dabei wird direkt im Anschluss im selben Abschlussbestandteil,

---

[143] Vgl. SFAS 130.18.
[144] Vgl. SFAS 130.20.
[145] Vgl. Holzer/Ernst (1999), S. 365 und SFAS 130.22.

im so genannten Statement of Income and Comprehensive Income, vom Nettoeinkommen auf das Comprehensive Income übergeleitet (vgl. Abb. 3/7).[146]

Abb. 3/7: One-Statement Approach[147]

Statement of Income and Comprehensive Income		
Umsatzerlöse		70
Aufwendungen		- 23
Ergebnis vor Steuern		47
Steuern		- 15
Nettoeinkommen		**32**
Other Comprehensive Income nach Steuern:		
Anpassungen aus der Währungsumrechnung		4
Unrealisierte Gewinne/Verluste aus Available-for-Sale-Wertpapieren:		
Unrealisierte Gewinne/Verluste der Periode	8	
In die Erfolgsrechnung umgebuchter Betrag	- 2	6
Unrealisierte Gewinne/Verluste aus Cashflow Hedges		3
Anpassungen der Pensionsverpflichtungen		- 2
Other Comprehensive Income nach Steuern		**11**
Comprehensive Income		**43**

Abb. 3/8: Two-Statement Approach[148]

Statement of Income		
Umsatzerlöse		70
Aufwendungen		- 23
Ergebnis vor Steuern		47
Steuern		- 15
Nettoeinkommen		**32**

Statement of Comprehensive Income		
Nettoeinkommen		32
Other Comprehensive Income nach Steuern:		
Anpassungen aus der Währungsumrechnung		4
Unrealisierte Gewinne/Verluste aus Available-for-Sale-Wertpapieren:		
Unrealisierte Gewinne/Verluste der Periode	8	
In die Erfolgsrechnung umgebuchter Betrag	- 2	6
Unrealisierte Gewinne/Verluste aus Cashflow Hedges		3
Anpassungen der Pensionsverpflichtungen		- 2
Other Comprehensive Income nach Steuern		**11**
Comprehensive Income		**43**

[146] Vgl. SFAS 130.22.
[147] In Anlehnung an SFAS 130.B129-B131.
[148] In Anlehnung an SFAS 130.B129-B131.

Beim Two-Statement Approach wird neben der herkömmlichen Erfolgsrechnung eine zusätzliche Rechnung gezeigt (Statement of Comprehensive Income). Diese beginnt mit dem Nettoeinkommen, die Komponenten des Other Comprehensive Income werden dazu addiert und als Summe resultiert das Comprehensive Income (vgl. Abb. 3/8).[149]

Als dritte Möglichkeit kann der Statement-of-Changes-in-Equity Approach gewählt werden. Dabei werden die Komponenten des Other Comprehensive Income sowie das Comprehensive Income im Eigenkapitalnachweis dargestellt (vgl. Abb. 3/9).[150]

Abb. 3/9:   Statement-of-Changes-in-Equity Approach[151]

Eigenkapitalnachweis	Aktien-kapital	Kapital-reserven	Gewinn-reserven	Kumuliertes Other Com-prehensive Income	Total Eigen-kapital
Stand am 1.1.20.1	75	150	45	12	282
Comprehensive Income:					
Nettoeinkommen			32		32
Other Comprehensive Income nach Steuern:					
Anpassungen aus der Währungsumrechnung				4	4
Unrealisierte Gewinne/Verluste aus Available-for-Sale-Wertpapieren:					
Unrealisierte Gewinne/Verluste der Periode				8	
In die Erfolgsrechnung umgebuchter Betrag				- 2	6
Unrealisierte Gewinne/Verluste aus Cashflow Hedges				3	3
Anpassungen der Pensionsverpflichtungen				- 2	- 2
Other Comprehensive Income nach Steuern					11
Comprehensive Income					43
Dividendenzahlung			- 5		- 5
Stand am 31.12.20.1	75	150	72	23	320

Das FASB empfiehlt, das Other Comprehensive Income als Bestandteil der herkömmlichen Erfolgsrechnung im Statement of Income and Comprehensive Income (One-Statement Approach) oder als separater Statement of Comprehensive Income (Two-Statement Approach) zu zeigen, da dadurch die Transparenz für die Nutzer des Jahresabschlusses am grössten ist. Unabhängig der gewählten Darstellungsart sind sämtliche Gewinne und Verluste, die direkt im Eigenkapital erfasst werden, innerhalb des Other Comprehensive Income auszuweisen. Unter-

---

[149] Vgl. SFAS 130.22.
[150] Vgl. SFAS 130.22.
[151] In Anlehnung an SFAS 130.B129-B131.

nehmen, die kein Other Comprehensive Income besitzen, haben nicht darüber zu berichten.[152]

In Bezug auf die Steuern lässt das FASB den Anwendern die Wahl zwischen zwei Ansätzen. Die einzelnen Bestandteile des Other Comprehensive Income können entweder vor oder nach Berücksichtigung von Steuern gezeigt werden. Werden sie vor Steuern ausgewiesen, ist der Gesamtbetrag der Steuern auf dem Other Comprehensive Income zu zeigen. Zudem ist für jede Kategorie des Other Comprehensive Income der Steuereffekt so anzugeben, dass er eindeutig den einzelnen Kategorien zugeordnet werden kann. Dies entweder direkt bei den Komponenten des Other Comprehensive Income oder im Anhang.[153]

Zusätzlich ist das Other Comprehensive Income in der Bilanz kumulativ in einer eigenen Position innerhalb des Eigenkapitals, im so genannten «Kumulierten Other Comprehensive Income», auszuweisen. Die Entwicklung der einzelnen Bestandteile ist je separat in der Bilanz, im Eigenkapitalnachweis oder im Anhang offen zu legen. Dabei sind der Anfangsbestand, der Endbestand sowie die Veränderung zu zeigen.[154]

---

[152] Vgl. Holzer/Ernst (1999), S. 358 und SFAS 130.6 und 130.23.
[153] Vgl. SFAS 130.24-25.
[154] Vgl. SFAS 130.26.

4. Kapitel: Volatilität von Aktienkursen

Für den empirischen Teil der Arbeit ist die Volatilität des Aktienkurses als abhängige Variable von zentraler Bedeutung. Daher wird die Definition der Volatilität erläutert. Anschliessend wird auf die Volatilität von Aktienkursen und auf deren Ursachen eingegangen und die Auswirkungen einer grösseren Aktienkursvolatilität aufgezeigt.

4.1   Definition «Volatilität»

Die Volatilität (σ) ist ein Mass für die Schwankung von Finanzmarktparametern wie z.B. Aktienkurse oder Zinsen.[155] Sie ist definiert als die Streuung der Renditen des Finanzmarktparameters um die durchschnittliche Rendite während einer bestimmten Zeitspanne und beschreibt somit die durchschnittliche Abweichung vom Mittelwert. Sie lässt sich wie folgt berechnen:[156]

$$\sigma = \sqrt{\frac{1}{A-1}\sum_{a=1}^{A}\left(y_a - \bar{y}\right)^2}$$

Dabei entsprechen A der Anzahl Beobachtungen, y_a der Rendite des betrachteten Parameters am Beobachtungszeitpunkt a und $\bar{y}$ der durchschnittlichen Rendite über den betrachteten Zeitraum.[157]

Die Rendite y_a lässt sich auf folgende Arten ermitteln:[158]

• Diskrete Rendite

$$y_a = \frac{S_a - S_{a-1}}{S_{a-1}}$$

• Stetige Rendite

$$y_a = \ln\frac{S_a}{S_{a-1}} = \ln\left(S_a\right) - \ln\left(S_{a-1}\right)$$

S_a entspricht dem Wert des zugrunde liegenden Finanzmarktparameters zum Beobachtungszeitpunkt a.

---

[155] Nachfolgend wird die Historische Volatilität beschrieben. Sie ermittelt die Volatilität basierend auf vergangenen Werten. Eine zweite Möglichkeit für die Berechnung von Volatilitäten stellt die Implizite Volatilität dar. Mit ihr kann lediglich die Volatilität von Optionen ermittelt werden. Daher wird in diesem Kapitel nicht näher darauf eingegangen. Vgl. Fontanills/Gentile (2001), S. 130-131.

[156] Vgl. Turner/Weigel (1992), S. 1588 und Boemle et al. (2002), S. 1085.

[157] Vgl. Alford/Boatsman (1995), S. 604 und Poon (2005), S. 1.

[158] Vgl. Thomas (2008), S. 2-3.

Die diskrete Rendite nimmt eine einmalige Kapitalverzinsung am Ende der Betrachtungsperiode an, die stetige Rendite hingegen eine kontinuierliche Verzinsung des Kapitals. Werden tägliche Werte gewählt, sind die Unterschiede zwischen diskreter und stetiger Rendite vernachlässigbar. Die Normalverteilung wird jedoch besser durch stetige Renditen approximiert, da stetige Renditen auf der gesamten Menge der reellen Zahlen definiert sind. Diskrete Renditen hingegen sind durch einen möglichen Totalverlust des Kapitals nach unten begrenzt.[159]

Die Volatilität dient häufig als Risikomass und ist ein zentraler Parameter im Risikomanagement.[160] Je grösser die Volatilität, desto stärker schwankt der Finanzmarktparameter. Über die Richtung der Schwankung lässt die Volatilität jedoch keine Aussage zu.

4.2   Volatilität von Aktienkursen

Die Volatilität von Aktienkursen kann anhand der täglichen Aktienkursrenditen bestimmt werden. Dabei wird der Kursgewinn beziehungsweise -verlust für jeden Handelstag bezogen auf den vorhergegangenen Handelstag berechnet.[161] Am Beispiel von Yahoo Inc. werden die Schwankung des Aktienkurses sowie die daraus entstehenden täglichen Aktienkursrenditen aufgezeigt (vgl. Abb. 4/1 und Abb. 4/2).

Abb. 4/1:   Aktienkurs von Yahoo Inc. im April 2008

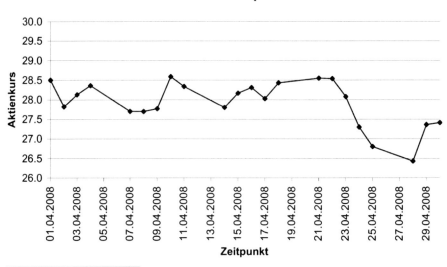

---

[159]   Vgl. Thomas (2008), S. 2-4.
[160]   Vgl. Poon (2005), S. 1 und Thomas (2008), S. 115.
[161]   Vgl. Wolke (2007), S. 19-23.

Abb. 4/2:   Tägliche Aktienkursrenditen von Yahoo Inc. im April 2008

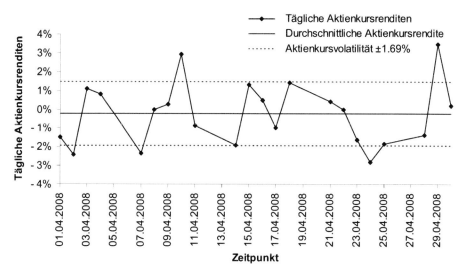

Als Beobachtungszeitraum von Aktienkursvolatilitäten wird häufig ein Jahr gewählt. Bei Aktien besteht dieses in der Regel aus 252 Handelstagen.[162] Zudem wird die Aktienkursvolatilität häufig in Prozent pro Jahr angegeben. Dadurch können Volatilitäten mit unterschiedlichen Zeitspannen miteinander verglichen werden. Wird von 252 Handelstagen pro Jahr ausgegangen, kann die Volatilität pro Jahr (annualisierte Volatilität, σ_{Jahr}) folgendermassen bestimmt werden:[163]

$$\sigma_{Jahr} = \sqrt{\frac{252}{A-1} \sum_{a=1}^{A} (y_a - \bar{y})^2}$$

Beträgt die annualisierte Volatilität 20% und die durchschnittliche Rendite 5%, bedeutet dies, dass die Aktienkursrendite in den vergangenen 12 Monaten bei zwei Dritteln der Beobachtungen zwischen - 15% und 25% lag.[164] Die Aktienkursvolatilität bezeichnet somit die Unsicherheit bezüglich der Renditen einer Aktie. Eine grosse Volatilität bedeutet, dass die Aktienkursrenditen weit um die durchschnitt-

---

[162] Vgl. Wolke (2007), S. 24.
[163] Vgl. Thomas (2008), S. 1 und Hull (2009), S. 353-356.
[164] Die Wahrscheinlichkeit beläuft sich auf 67%, da für die Kursschwankungen eine Normalverteilung angenommen wird.

liche Rendite gestreut sind.[165] In der Regel weisen Aktien eine Volatilität zwischen 15% und 60% auf.[166]

Wird die Aktienkursvolatilität der Unternehmen des Standard & Poor's (S&P) 500 des Jahres 2007 betrachtet, wird ersichtlich, dass über 60% der Unternehmen eine Aktienkursvolatilität zwischen 20% und 30% aufwiesen (vgl. Abb. 4/3).[167]

Abb. 4/3:   Aktienkursvolatilität der Unternehmen des S&P 500 im Jahr 2007

4.3   Ursachen von Aktienkursvolatilität

Die Ursachen von Aktienkursvolatilität sind schwierig zu bestimmen. Am naheliegendsten ist, dass Schwankungen des Aktienkurses aufgrund von neuen Informationen am Markt auftreten.[168] Durch neue Informationen überdenken die Investoren ihre Meinung bezüglich des Werts der Aktie. Dies führt zu einem veränderten Aktienkurs und dadurch zu mehr Volatilität.[169] Vor allem unerwartete Informationen können eine stärkere Schwankung des Aktienkurses bewirken. Wenn beispielsweise der publizierte Erfolg nicht dem erwarteten Erfolg entspricht, entsteht Unsicherheit über die zukünftigen Werte. Dadurch erhöht sich die Aktienkursvolatilität.[170]

---

[165] Vgl. Rose (Hrsg.) (2006), S. 515.
[166] Vgl. Hull (2009), S. 353.
[167] Dies beinhaltet die 247 Unternehmen des S&P 500, die in Kapitel 8 untersucht werden.
[168] Vgl. Sadka (2007), S. 200.
[169] Vgl. Jochum (1999), S. 47-54.
[170] Vgl. Fontanills/Gentile (2003), S. 37.

Zudem ist relevant, wie die Informationen über das Unternehmen offen gelegt werden. Bei einer transparenten Darstellung nehmen die Investoren diese vermehrt wahr. Dadurch erhalten sie neue Informationen, was wiederum zu mehr Volatilität führt. Eine verbesserte Offenlegungspraxis kann somit die Volatilität des Aktienkurses erhöhen.[171]

Verschiedene Studien zeigen jedoch, dass die Aktienkursvolatilität nur teilweise durch neue Informationen erklärt werden kann. Weiterer Erklärungsgehalt für die Volatilität des Aktienkurses liefert die psychologische Ursachenforschung, die ein Forschungsgebiet der Behavioral Finance ist.[172] Dazu zählt beispielsweise die Irrationalität der Investoren. Investoren werden durch die Umweltsituation und die persönlichen Charaktereigenschaften beeinflusst und verhalten sich somit nicht rational.[173] Dadurch entstehen zusätzliche Schwankungen im Aktienkurs. Dies bedeutet, dass Volatilität auch durch den Handel selbst verursacht wird.

4.4 Auswirkungen der Aktienkursvolatilität

Bei einer grossen Aktienkursvolatilität besteht eine starke Schwankung des Aktienkurses. Die Wahrscheinlichkeit eines starken Anstiegs oder einer starken Abnahme des Kurses ist somit hoch.[174] Solche Renditeschwankungen werden von den Investoren grundsätzlich als nachteilig empfunden, da wahrscheinlicher ist, dass die erwartete Zielrendite verfehlt wird.[175] Somit werden Unternehmen mit einer grösseren Aktienkursvolatilität als risikoreicher eingestuft.[176]

Für risikoreichere Investitionen werden höhere Renditen gefordert, um das zusätzliche Risiko zu kompensieren. Daher führt eine grössere Volatilität des Aktienkurses zu höheren Eigenkapitalkosten. Zudem kann es sein, dass auch die Fremdkapitalkosten ansteigen. Demzufolge ist eine grosse Volatilität des Aktienkurses für das Management aufgrund höherer Finanzierungskosten unerwünscht.[177]

Neben den höheren Finanzierungskosten steigt für das Management bei einer grösseren Aktienkursvolatilität auch das Risiko, dass ihre Leistung schlechter beurteilt wird. Dies kann zu einer geringeren Arbeitsplatzsicherheit beziehungs-

---

[171] Vgl. Venkatachalam (2000), S. 204 und Kothari/Li/Short (2009), S. 1645.
[172] Vgl. Shleifer (2000), S. 20 und Jochum (1999), S. 47-54.
[173] Vgl. Meyer (2008b), S. 159, Hull (2009), S. 357 und Thomas (2008), S. 107.
[174] Vgl. Hull (2009), S. 259.
[175] Vgl. Thomas (2008), S. 4.
[176] Vgl. Venkatachalam (2000), S. 204.
[177] Vgl. Venkatachalam (2000), S. 204.

weise zu einer tieferen Entschädigung führen.[178] Zudem besteht das Risiko, dass die aktienbasierte Vergütung weniger wirksam beziehungsweise teurer ist.[179]

Eine grössere Aktienkursvolatilität kann für das Management auch vorteilhaft sein. Nämlich dann, wenn ein Teil der Kompensation durch Aktienoptionen erfolgt. Durch die grössere Volatilität des Aktienkurses erhöht sich der Wert der Aktienoptionen und somit die Entschädigung des Managements.[180]

---

[178] Vgl. Graham/Harvey/Rajgopal (2005), S. 67.
[179] Vgl. Baiman/Verrecchia (1995), S. 110 und Bushee/Noe (2000), S. 172-173.
[180] Vgl. Venkatachalam (2000), S. 204.

Teil II: Bestehende empirische Untersuchungen

5. Kapitel: Studien zum Other Comprehensive Income

Seit 1998 ist unter US GAAP das Other Comprehensive Income im Eigenkapital-nachweis oder in der Ergebnisberichterstattung offen zu legen. Zum Berichterstat-tungsformat des Other Comprehensive Income wurden verschiedene Studien durchgeführt. Dieses Kapitel erläutert zuerst die verhaltensorientierten[181], an-schliessend die kapitalmarktorientierten Studien.[182] Die beiden Unterkapitel schliessen jeweils mit einem Fazit ab.

5.1   Verhaltensorientierte Studien

Zunächst werden vier verhaltensorientierte Studien zum Berichterstattungsformat des Other Comprehensive Income beschrieben. In diesen Studien wurde unter-sucht, ob eine Offenlegung des Other Comprehensive Income in der Ergebnisbe-richterstattung den Gebrauch und den Nutzen der unrealisierten Gewinne und Verluste erhöht und Earnings Management reduziert.

5.1.1 Hirst und Hopkins (1998)

1998 publizierten Eric Hirst und Patrick Hopkins ein Paper mit dem Titel «Comprehensive Income Reporting and Analysts' Valuation Judgments». Darin haben sie den Zusammenhang zwischen der Berichterstattung des Other Compre-hensive Income nach SFAS 130 und dem Erkennen von Earnings Management durch Finanzanalysten untersucht.[183]

5.1.1.1 Ausgangslage und Hypothese

Aus der effizienten Markthypothese kann abgeleitet werden, dass eine Offenle-gung derselben Information an einem anderen Ort keinen Einfluss auf die Beurtei-lung dieser Information hat.[184] Die psychologische Forschung hingegen zeigt, dass Information nicht benutzt wird, wenn sie nicht verfügbar sowie leicht verarbeitbar

---

[181]   Verhaltensorientierte Studien untersuchen mit Experimenten oder Befragungen die Ent-scheidungsprozesse von Individuen. Vgl. Bogajewskaja (2007), S. 113-114.

[182]   Es werden Studien zum Berichterstattungsformat des Other Comprehensive Income er-läutert. Ein grosser Teil der Studien zum Other Comprehensive Income untersucht die Wert-relevanz des Comprehensive Income sowie seiner Komponenten. Auf diese wird nicht näher eingegangen, da sie nicht Thema der vorliegenden Dissertation sind.

[183]   Vgl. Hirst/Hopkins (1998), S. 47.

[184]   Die effiziente Markthypothese besagt, dass alle marktrelevanten, öffentlich zugänglichen Informationen bereits in den Finanzmärkten enthalten sind und der Markt somit nicht über-troffen werden kann, indem unterbewertete Aktien gekauft oder Aktien zu überhöhten Prei-sen verkauft werden. Vgl. Malkiel (2003), S. 59.

ist. Daher argumentierten Hirst und Hopkins, dass Finanzanalysten durch eine transparentere Berichterstattung wertrelevanter Information beeinflusst werden. Sie haben untersucht, ob diese bei einer Offenlegung des Other Comprehensive Income in der Ergebnisberichterstattung den Wert von Unternehmen unterschiedlich einschätzten, wenn die Unternehmen die Gewinne mit Available-for-Sale-Wertpapieren aktiv steuerten. Es wurde die Hypothese aufgestellt, dass der Unterschied in der Beurteilung des Aktienkurses durch die Finanzanalysten abnimmt, wenn das Comprehensive Income und seine Komponenten übersichtlicher dargestellt werden. Dies unabhängig davon, ob die Unternehmen ihre Gewinne aktiv steuern.[185]

5.1.1.2 Methodik

Hirst und Hopkins führten ein Experiment mit 96 Finanzanalysten durch, bei dem diese den Aktienkurs eines Unternehmens schätzen mussten. Ihnen wurden Informationen zum Unternehmen bereitgestellt, wobei das Other Comprehensive Income in der Ergebnisberichterstattung oder im Eigenkapitalnachweis gezeigt wurde. Zudem wurde bei den Unternehmen teilweise Earnings Management eingebaut, indem Available-for-Sale-Wertpapiere verkauft und anschliessend zurückgekauft wurden. So wurde ein wachsendes Nettoeinkommen berichtet, das Comprehensive Income blieb identisch.[186]

5.1.1.3 Resultate

Das Experiment zeigt, dass Finanzanalysten Earnings Management mit Available-for-Sale-Wertpapieren weniger gut erkennen, wenn das Other Comprehensive Income im Eigenkapitalnachweis gezeigt wird. Begründet wird dies damit, dass sie den Eigenkapitalnachweis als die am wenigsten nützliche Komponente des Jahresberichts erachten. Daher ist auch die Berichterstattung im Eigenkapitalnachweis weniger effektiv. Bei einer Offenlegung in der Ergebnisberichterstattung wird Earnings Management mit Available-for-Sale-Wertpapieren hingegen transparenter und die Aktienkurse werden besser geschätzt.[187] Eine Offenlegung des Other Comprehensive Income in der Ergebnisberichterstattung vereinfacht somit das Erkennen von Earnings Management im Zusammenhang mit unrealisierten Gewinnen und Verlusten.[188]

---

[185] Vgl. Hirst/Hopkins (1998), S. 48 und 58.
[186] Vgl. Hirst/Hopkins (1998), S. 60-63.
[187] Vgl. Hirst/Hopkins (1998), S. 49 und 64.
[188] Vgl. Bloomfield/Nelson/Smith (2006), S. 379.

5.1.2 Maines und McDaniel (2000)

Laureen Maines und Linda McDaniel publizierten im Jahr 2000 ein Paper mit dem Titel «Effects of Comprehensive-Income Characteristics on Nonprofessional Investors' Judgments: The Role of Financial-Statement Presentation Format». Darin haben sie untersucht, ob nichtprofessionelle Investoren bei ihrer Beurteilung von Informationen bezüglich Other Comprehensive Income beeinflusst werden, wenn jene in alternativen Darstellungsformaten offen gelegt sind.[189]

5.1.2.1 Ausgangslage und Hypothese

Nichtprofessionelle Investoren sind leichter beeinflussbar als Finanzanalysten, da sie über ein geringeres Verständnis bezüglich Finanzinformationen verfügen. Daher wird befürchtet, dass sie sich noch stärker durch das Berichterstattungsformat des Other Comprehensive Income beeinflussen lassen als Finanzanalysten. Aus den Resultaten von Hirst und Hopkins bezüglich Finanzanalysten darf jedoch nicht auf nichtprofessionelle Investoren geschlossen werden. Maines und McDaniel ergänzten daher das Experiment von Hirst und Hopkins, indem sie untersucht haben, ob auch nichtprofessionelle Investoren das Other Comprehensive Income abhängig von dessen Offenlegungsformat unterschiedlich interpretieren.[190] Sie stellten die Hypothese auf, dass nichtprofessionelle Investoren grösseres Gewicht auf die Volatilität der unrealisierten Gewinne und Verluste legen, wenn diese in der Ergebnisberichterstattung offen gelegt werden anstatt im Eigenkapitalnachweis. Dies würde bedeuten, dass die Volatilität des Other Comprehensive Income bei einer Offenlegung in der Ergebnisberichterstattung stärker in die Beurteilung der Unternehmens- und Managementperformance einfliesst.[191]

5.1.2.2 Methodik

Maines und McDaniel führten ein Experiment mit 95 MBA-Studierenden durch. Diese hatten die Finanzberichterstattung eines Versicherungsunternehmens zu beurteilen und dessen Aktienkurs zu schätzen. Das Versicherungsunternehmen wies eine hohe oder tiefe Volatilität der unrealisierten Gewinne und Verluste auf. Zudem wurden die unrealisierten Gewinne und Verluste im Eigenkapitalnachweis oder in der Ergebnisberichterstattung gezeigt.[192]

---

[189] Vgl. Maines/McDaniel (2000), S. 179.
[190] Vgl. O'Hanlon (2000), S. 1307 und Maines/McDaniel (2000), S. 180-181.
[191] Vgl. Maines/McDaniel (2000), S. 188 und 195.
[192] Vgl. Maines/McDaniel (2000), S. 189.

5.1.2.3 Resultate

Aus dem Experiment resultiert, dass nichtprofessionelle Investoren das Other Comprehensive Income nur adäquat in ihre Beurteilung der Unternehmens- und Managementperformance einfliessen lassen, wenn es in der Ergebnisberichterstattung offen gelegt wird. Denn nur bei einer Offenlegung in der Ergebnisberichterstattung fliesst die Schwankung der unrealisierten Gewinne und Verluste angemessen in die Beurteilung ein, bei einer Berichterstattung im Eigenkapitalnachweis nicht.[193] Eine Offenlegung des Other Comprehensive Income in der Ergebnisberichterstattung anstatt im Eigenkapitalnachweis erhöht somit die Sensibilität nichtprofessioneller Investoren zur Volatilität unrealisierter Gewinne und Verluste.[194]

5.1.3 Bloomfield, Nelson und Smith (2006)

2006 haben Robert Bloomfield, Mark Nelson und Steven Smith ein Paper mit dem Titel «Feedback Loops, Fair Value Accounting and Correlated Investments» veröffentlicht. Bei den Untersuchungen von Hirst und Hopkins sowie von Maines und McDaniel waren die Marktwerte exogen und es wurde untersucht, ob das Berichterstattungsformat die Investorenentscheidungen beeinflusst. Bloomfield, Nelson und Smith hingegen erlaubten in ihrem Experiment eine Interaktion zwischen den Entscheidungen der Investoren und den Marktwerten. Sie haben mit einem Verhaltensmodell den Zusammenhang zwischen dem Berichterstattungsformat des Other Comprehensive Income und der Preisdynamik des Aktienkurses untersucht.[195]

5.1.3.1 Ausgangslage und Hypothese

Unternehmen halten oft Aktiven oder Verbindlichkeiten, deren Werte mit dem Aktienkurs korrelieren. Beispiele dafür sind das Halten eigener Aktien oder Kreuzbeteiligungen. Resultieren unrealisierte Gewinne und Verluste aus solchen Aktiven oder Verbindlichkeiten, besteht eine Korrelation dieser unrealisierten Positionen zum Aktienkurs. Erkennt der Investor diese Wechselwirkung nicht, entsteht eine Preisdynamik. Veränderungen im Aktienkurs verursachen unrealisierte Gewinne und Verluste, die ihrerseits wieder den Aktienkurs beeinflussen. Daraus ergeben sich Schwankungen im Aktienkurs.[196]

Bloomfield, Nelson und Smith erwarteten in ihrer Untersuchung, dass unrealisierte Gewinne und Verluste die Analyse des Marktwerts des Unternehmens durch die

[193] Vgl. Thinggaard et al. (2006), S. 57 und Maines/McDaniel (2000), S. 195-199.
[194] Vgl. Bloomfield/Nelson/Smith (2006), S. 379.
[195] Vgl. Bloomfield/Nelson/Smith (2006), S. 377-380.
[196] Vgl. Bloomfield/Nelson/Smith (2006), S. 377-382.

Investoren stärker beeinflussen, wenn sie in der Ergebnisberichterstattung und nicht im Eigenkapitalnachweis offen gelegt werden. Sie stellten die Hypothese auf, dass die Volatilität des Aktienkurses zunimmt, wenn die mit dem Aktienkurs korrelierten Vermögenswerte und somit die unrealisierten Gewinne und Verluste gross sind und das Other Comprehensive Income in der Ergebnisberichterstattung gezeigt wird. Sind die unrealisierten Gewinne und Verluste vernachlässigbar klein oder werden sie von den Investoren weniger gut wahrgenommen, ist die Volatilität geringer.[197]

5.1.3.2 Methodik

Bloomfield, Nelson und Smith führten ein Experiment mit 24 MBA-Studierenden durch, die während jeweils acht Perioden miteinander Wertpapiere von Unternehmen handelten. Basierend auf dem daraus resultierenden Marktwert wurden die unrealisierten Gewinne und Verluste für die nachfolgende Periode ermittelt. Dabei waren die Höhe der korrelierten Vermögenswerte sowie das Berichterstattungsformat verschieden.[198]

5.1.3.3 Resultate

Das Experiment lässt erkennen, dass bei Vorhandensein vieler mit dem Aktienkurs korrelierter Vermögenswerte die Volatilität des Aktienkurses grösser ist, wenn das Other Comprehensive Income in der Ergebnisberichterstattung und nicht im Eigenkapitalnachweis offen gelegt ist. Sind nur wenige solche Vermögenswerte vorhanden, ist die Aktienkursvolatilität zwischen den beiden Berichterstattungsformaten nicht verschieden. Eine Offenlegung der unrealisierten Gewinne und Verluste in der Ergebnisberichterstattung führt somit zu einer Preisdynamik und dadurch zu einer stärkeren Schwankung des Aktienkurses, wenn sie redundante Informationen beinhalten und gross sind. Dies deshalb, da die MBA-Studierenden auf die mit dem Aktienkurs korrelierten unrealisierten Gewinne und Verluste reagierten, auch wenn deren Informationsgehalt redundant war. Daraus schlossen Bloomfield, Nelson und Smith, dass eine transparente Berichterstattung von wesentlichen unrealisierten Gewinnen und Verlusten, die aus Investitionen in eigene Aktien oder Kreuzbeteiligungen entstanden sind, die Volatilität des Aktienkurses erhöhen kann.[199]

---

[197] Vgl. Bloomfield/Nelson/Smith (2006), S. 379 und 392.
[198] Vgl. Bloomfield/Nelson/Smith (2006), S. 392-399.
[199] Vgl. Koonce (2006), S. 418 und Bloomfield/Nelson/Smith (2006), S. 379 und 399-406.

5.1.4 Hunton, Libby und Mazza (2006)

2006 veröffentlichten James Hunton, Robert Libby und Cheri Mazza ein Paper mit dem Titel «Financial Reporting Transparency and Earnings Management». Sie haben untersucht, ob eine transparentere Darstellung des Other Comprehensive Income die Wahrscheinlichkeit beeinflusst, dass das Management die Gewinne aktiv steuert.[200]

5.1.4.1 Ausgangslage und Hypothese

Maines und McDaniel zeigten, dass eine transparentere Offenlegung des Other Comprehensive Income zu einem besseren Erkennen von Earnings Management führt. Aus verschiedenen Stellungnahmen wurde ersichtlich, dass Managerinnen und Manager oft weniger transparente Offenlegungsformate unterstützen.[201] Daraus kann geschlossen werden, dass das Management einen Nutzen hat, wenn die Investoren nur eine begrenzte Möglichkeit besitzen, Earnings Management zu erkennen. Hunton, Libby und Mazza stellten daher die Hypothese auf, dass eine transparentere Berichterstattung des Other Comprehensive Income Earnings Management sichtbarer macht und dadurch die Tendenz der Managerinnen und Manager reduziert, Earnings Management zu betreiben.[202]

5.1.4.2 Methodik

Hunton, Libby und Mazza führten ein Experiment mit 62 Führungskräften durch, die zu entscheiden hatten, welche Available-for-Sale-Wertpapiere sie verkaufen wollten, um Geld für eine Zahlung aufbringen zu können, die noch im aktuellen Jahr zu tätigen war. Zur Auswahl standen ihnen verschiedene Tranchen an Available-for-Sale-Wertpapieren, bei denen sie entweder Gewinne oder Verluste realisierten. Dabei wurden die Anreize für Earnings Management sowie das Berichterstattungsformat des Other Comprehensive Income variiert. Anreize für Earnings Management wurden gesetzt, indem das kalkulierte Nettoeinkommen unter beziehungsweise über dem von den Analysten erwarteten Wert lag, so dass ein Anreiz bestand, das Nettoeinkommen durch den Verkauf von Available-for-Sale-Wertpapieren mit unrealisierten Gewinnen zu erhöhen beziehungsweise durch den Verkauf von solchen mit unrealisierten Verlusten zu senken. Dabei veränderte sich das Nettoeinkommen. Aufgrund der Umgliederungen blieb jedoch das Comprehensive Income unverändert.[203]

---

[200] Vgl. Hunton/Libby/Mazza (2006), S. 135.
[201] Dass die Mehrheit der Unternehmen das Other Comprehensive Income im Eigenkapitalnachweis zeigt, lässt ebenfalls darauf schliessen.
[202] Vgl. Hunton/Libby/Mazza (2006), S. 142.
[203] Vgl. Hunton/Libby/Mazza (2006), S. 142-145.

5.1.4.3 Resultate

Das Experiment zeigt, dass eine Offenlegung des Other Comprehensive Income in der Ergebnisberichterstattung signifikant Earnings Management reduziert, jedoch nicht eliminiert. Das Management befürchtet, dass das transparentere Berichterstattungsformat Earnings Management für die Investoren sichtbarer macht und dem Aktienkurs und dem Ruf des Unternehmens schadet. Eine transparentere Offenlegung des Other Comprehensive Income reduziert somit Earnings Management und verbessert dadurch die Qualität des Abschlusses.[204]

5.1.5 Fazit

Die verhaltensorientierten Studien zeigen, dass bei einer transparenteren Berichterstattung des Other Comprehensive Income die unrealisierten Gewinne und Verluste stärker in die Beurteilung der Unternehmens- und Managementperformance einbezogen werden und Earnings Management reduziert wird. Zudem führt eine Offenlegung des Other Comprehensive Income in der Ergebnisberichterstattung dazu, dass bei vielen mit dem Aktienkurs korrelierten Vermögenswerten der Aktienkurs stärker schwankt (vgl. Abb. 5/1).[205]

Die Experimente von Hirst und Hopkins sowie von Maines und McDaniel wurden vor der Einführung von SFAS 130 durchgeführt, als die Probanden noch nicht mit der Offenlegung des Other Comprehensive Income im Eigenkapitalnachweis vertraut waren. Somit ist unklar, ob diese Resultate auch unter heutigen Marktbedingungen eintreffen würden.[206]

Beim Experiment von Bloomfield, Nelson und Smith wird angezweifelt, ob MBA-Studierende genug Kenntnisse aufweisen, dass sie richtig auf die Redundanz der vorhandenen Information reagieren können.[207] Daher wäre es sinnvoll, dieses Experiment zusätzlich mit Finanzanalysten durchzuführen.

---

[204] Vgl. Thinggaard et al. (2006), S. 59 und Hunton/Libby/Mazza (2006), S. 151.
[205] Vgl. Chambers et al. (2007), S. 564, Koonce (2006), S. 419 und Bloomfield/Nelson/Smith (2006), S. 406.
[206] Vgl. Chambers et al. (2007), S. 564 und Lipe (1998a), S. 82.
[207] Vgl. Koonce (2006), S. 419.

Abb. 5/1:   Übersicht der verhaltensorientierten Studien zum Berichterstattungs-
             format des Other Comprehensive Income

Autoren	Titel	Erkenntnisse
Hirst/Hopkins (1998)	Comprehensive Income Reporting and Analysts' Valuation Judgments	Finanzanalysten erkennen Earnings Management weniger gut, wenn das Other Comprehensive Income im Eigenkapitalnachweis gezeigt wird.
Maines/ McDaniel (2000)	Effects of Comprehensive-Income Characteristics on Nonprofessional Investors' Judgments: The Role of Financial-Statement Presentation Format	Nichtprofessionelle Investoren lassen das Other Comprehensive Income nur adäquat in ihre Beurteilung der Unternehmens- und Managementperformance einfliessen, wenn es in der Ergebnisberichterstattung offen gelegt wird.
Bloomfield/ Nelson/Smith (2006)	Feedback Loops, Fair Value Accounting and Correlated Investments	Bei Vorhandensein vieler mit dem Aktienkurs korrelierter Vermögenswerte ist die Volatilität des Aktienkurses grösser, wenn das Other Comprehensive Income in der Ergebnisberichterstattung offen gelegt ist.
Hunton/ Libby/Mazza (2006)	Financial Reporting Transparency and Earnings Management	Eine Offenlegung des Other Comprehensive Income in der Ergebnisberichterstattung reduziert Earnings Management.

5.2   Kapitalmarktorientierte Studien

Nachfolgend werden drei kapitalmarktorientierte Studien zum Berichterstattungsformat des Other Comprehensive Income erläutert. In diesen Studien wurde
untersucht, ob für das Management relevant ist, wo das Other Comprehensive
Income offen gelegt wird. Zudem zeigen sie, ob die Offenlegung unrealisierter
Gewinne und Verluste in der Ergebnisberichterstattung die Bewertungsnützlichkeit des Other Comprehensive Income beeinflusst. Vorteil von kapitalmarktorientierten Studien im Vergleich zu verhaltensorientierten Studien ist, dass reale
Marktkräfte mitberücksichtigt werden.[208]

5.2.1 Lee, Petroni und Shen (2006)

2006 publizierten Yen-Jung Lee, Kathy Petroni und Min Shen ein Paper mit dem
Titel «Cherry Picking, Disclosure Quality, and Comprehensive Income Reporting
Choices: The Case of Property-Liability Insurers». Darin haben sie den Zusam-

---

[208] Vgl. Chambers et al. (2007), S. 564.

menhang zwischen Earnings Management und dem Berichterstattungsformat des Other Comprehensive Income bei Versicherungsgesellschaften untersucht.[209]

5.2.1.1 Ausgangslage und Hypothese

Trotz der Empfehlung des FASB, das Comprehensive Income sowie die Komponenten des Other Comprehensive Income in der Ergebnisberichterstattung offen zu legen, weisen es über 80% der Unternehmen im Eigenkapitalnachweis aus. Unternehmen, welche die unrealisierten Gewinne und Verluste nicht transparent zeigen wollen, verzichten auf eine Offenlegung in der Ergebnisberichterstattung.[210] Lee, Petroni und Shen haben untersucht, wieso Unternehmen weniger transparente Berichterstattungsformate wählen. Ihre Untersuchung führten sie bei Versicherungsgesellschaften durch, da bei diesen rund die Hälfte das Other Comprehensive Income im Eigenkapitalnachweis offen legt. Sie stellten die Hypothese auf, dass Versicherungsgesellschaften, die mit der Realisierung von Gewinnen und Verlusten den Unternehmenserfolg steuern, das Other Comprehensive Income häufiger im Eigenkapitalnachweis als in der Ergebnisberichterstattung zeigen.[211]

5.2.1.2 Methodik

Lee, Petroni und Shen untersuchten 82 öffentlich gehandelte Versicherungsgesellschaften im Jahr 1998, wovon 42 die unrealisierten Gewinne und Verluste in der Ergebnisberichterstattung und 40 im Eigenkapitalnachweis zeigten. Für Versicherungsgesellschaften ist Earnings Management ein nützliches Werkzeug, da ihre Available-for-Sale-Wertpapiere durchschnittlich 40% der Bilanzsumme ausmachen. Lee, Petroni und Shen untersuchten ihre Hypothese, indem sie ein Modell schätzten, das die Wahl des Berichterstattungsformats bezüglich Other Comprehensive Income mit Earnings Management sowie mit weiteren Variablen, z. B. Qualität der Offenlegung, erklärt.[212]

5.2.1.3 Resultate

Die Studie lässt erkennen, dass Versicherungsgesellschaften, die ihren Erfolg durch das Realisieren von Gewinnen und Verlusten aktiv steuern und die einen schlechten Ruf bezüglich Qualität der Offenlegung aufweisen, das Other Comprehensive Income signifikant häufiger im Eigenkapitalnachweis zeigen. Offensichtlich ist bei diesen Versicherungsgesellschaften Transparenz mit höheren Kosten

---

[209] Vgl. Lee/Petroni/Shen (2006), S. 655.
[210] Vgl. Chamber et al. (2007), S. 564 und Lee/Petroni/Shen (2006), S. 658.
[211] Vgl. Lee/Petroni/Shen (2006), S. 665.
[212] Vgl. Lee/Petroni/Shen (2006), S. 659 und 681.

verbunden. Die Wahl des Berichterstattungsformats ist somit relevant für die Unternehmen.[213]

5.2.2 Bamber et al. (2010)

Linda Bamber, John Jiang, Kathy Petroni und Isabel Wang veröffentlichten 2010 ein Paper mit dem Titel «Comprehensive Income: Who's Afraid of Performance Reporting?». Damit ergänzten sie die Erhebung von Lee, Petroni und Shen. Sie haben untersucht, weshalb das Management eine Offenlegung des Other Comprehensive Income in der Ergebnisberichterstattung vermeidet.[214]

5.2.2.1 Ausgangslage und Hypothese

Lee, Petroni und Shen haben gezeigt, dass Versicherungsgesellschaften, die Earnings Management betreiben, das Other Comprehensive Income signifikant häufiger im Eigenkapitalnachweis offen legen. Unternehmen, die nicht der Versicherungsbranche angehören, besitzen im Verhältnis zur Bilanzsumme weniger Available-for-Sale-Wertpapiere als Versicherungsgesellschaften. Earnings Management zu betreiben kann somit nicht der wichtigste Grund für jene Unternehmen sein, die unrealisierten Gewinne und Verluste im Eigenkapitalnachweis zu zeigen. Bamber et al. vermuteten, dass aktienbasierte Anreize und die Arbeitsplatzsicherheit Gründe für eine weniger transparente Berichterstattung sein könnten. Daher stellten sie die Hypothese auf, dass die Wahrscheinlichkeit für eine Offenlegung des Other Comprehensive Income im Eigenkapitalnachweis steigt, wenn das Management stärkere aktienbasierte Anreize beziehungsweise tiefere Arbeitsplatzsicherheit aufweist.[215] Denn diese Managerinnen und Manager profitieren am meisten aus einem hohen Aktienkurs oder einer guten Beurteilung der Performance des Managements.[216]

5.2.2.2 Methodik

Bamber et al. untersuchten die Unternehmen des S&P 500 für die Jahre 1998 bis 2001 mit einem Modell, das die Wahl des Berichterstattungsformats des Other Comprehensive Income durch das Management mit aktienbasierten Anreizen und mit Arbeitsplatzsicherheit des Managements erklärt. Zudem erläutern weitere Variablen die Wahl des Berichterstattungsformats, z.B. Volatilität des Comprehensive Income und Wesentlichkeit von Available-for-Sale-Wertpapieren.[217]

---

[213] Vgl. Chambers et al. (2007), S. 564 und Lee/Petroni/Shen (2006), S. 686.
[214] Vgl. Bamber et al. (2010), S. 97.
[215] Vgl. Bamber et al. (2010), S. 105-106.
[216] Vgl. Bamber et al. (2010), S. 98-99.
[217] Vgl. Bamber et al. (2010), S. 106 und 111.

5.2.2.3 Resultate

Die Untersuchung zeigt, dass Managerinnen und Manager mit stärkeren aktienbasierten Anreizen und geringerer Arbeitsplatzsicherheit vermeiden, die unrealisierten Gewinne und Verluste in der Ergebnisberichterstattung zu zeigen. Dies
deshalb, weil sie bei einer tieferen Beurteilung der Performance einiges verlieren
können.[218]

Zudem vermeiden Unternehmen mit einem volatileren Comprehensive Income
und mit wesentlichen unrealisierten Gewinnen und Verlusten aus Available-for-
Sale-Wertpapieren, das Other Comprehensive Income in der Ergebnisberichterstattung offen zu legen. Als Begründung wird angeführt, dass Unternehmen mit
mehr Gelegenheit zum Steuern der Gewinne dazu tendieren, ein weniger transpa-
rentes Berichterstattungsformat zu wählen. Dadurch wird die Wahrscheinlichkeit
reduziert, dass Earnings Management erkannt wird.[219] Somit ist das Berichterstattungsformat für das Management relevant.

5.2.3 Chambers et al. (2007)

Dennis Chambers, Thomas Linsmeier, Catherine Shakespeare und Theodore
Sougiannis veröffentlichten 2007 ein Paper mit dem Titel «An Evaluation of
SFAS No. 130 Comprehensive Income Disclosures». Darin haben sie untersucht,
ob das Berichterstattungsformat des Other Comprehensive Income einen Einfluss
auf die Bewertungsnützlichkeit des Other Comprehensive Income beziehungsweise seiner einzelnen Komponenten hat.[220]

5.2.3.1 Ausgangslage und Hypothese

Verschiedene Studien haben untersucht, ob das Other Comprehensive Income
beziehungsweise seine einzelnen Komponenten wertrelevant sind. Wertrelevanz
bedeutet, dass die jeweilige Position einen Teil des Aktienkurses erklärt und für
die Bewertung des Unternehmens mitberücksichtigt werden soll.[221] Chambers et
al. stellten die Hypothese auf, dass das Berichterstattungsformat zum Other
Comprehensive Income die Bewertung des Other Comprehensive Income beziehungsweise seiner einzelnen Komponenten durch die Investoren beeinflusst.[222]

---

[218] Vgl. Bamber et al. (2010), S. 114 und 121.
[219] Vgl. Hunton/Libby/Mazza (2006), S. 136 und Bamber et al. (2010), S. 114-117.
[220] Vgl. Chambers et al. (2007), S. 561.
[221] Vgl. Barth/Beaver/Landsman (2001), S. 80.
[222] Vgl. Chambers et al. (2007), S. 558.

5.2.3.2 Methodik

Sie untersuchten die Unternehmen des S&P 500 für die Jahre 1998 bis 2003, indem sie mit einer Regression den Einfluss des Other Comprehensive Income, abhängig vom Berichterstattungsformat, auf den Aktienkurs überprüften. Hat das Other Comprehensive Income bei einer Offenlegung in der Ergebnisberichterstattung einen signifikant grösseren Einfluss auf den Aktienkurs als bei einer Offenlegung im Eigenkapitalnachweis, berücksichtigen die Investoren das Other Comprehensive Income in jenem Fall stärker. Zudem schätzten Chambers et al. die Regression mit den einzelnen Komponenten des Other Comprehensive Income.[223]

5.2.3.3 Resultate

Chambers et al. fanden heraus, dass die Investoren grössere Aufmerksamkeit auf das Other Comprehensive Income legen, wenn es im Eigenkapitalnachweis offen gelegt wird und nicht in der Ergebnisberichterstattung. Dies begründeten sie damit, dass das Other Comprehensive Income von den Unternehmen am häufigsten im Eigenkapitalnachweis berichtet wird und die Investoren daher jene Positionen dort erwarteten.[224]

Bei den einzelnen Komponenten des Other Comprehensive Income weisen lediglich die Veränderungen aus Available-for-Sale-Wertpapieren unabhängig vom Berichterstattungsformat einen signifikanten Einfluss auf den Aktienkurs auf. Die Differenzen aus der Fremdwährungsumrechnung haben nur einen signifikanten Einfluss auf den Aktienkurs, wenn sie im Eigenkapitalnachweis gezeigt werden. Die übrigen Komponenten sind nicht signifikant.[225] Eine Offenlegung der unrealisierten Gewinne und Verluste dort, wo es erwartet wird, erhöht somit dessen Bewertungsnützlichkeit.

5.2.4 Fazit

Die kapitalmarktorientierten Studien zeigen, dass Versicherungsgesellschaften, die Earnings Management betreiben, sowie Unternehmen, deren Management stärkere aktienbasierte Anreize und tiefere Arbeitsplatzsicherheit aufweist, das Other Comprehensive Income signifikant häufiger im Eigenkapitalnachweis als in der Ergebnisberichterstattung offen legen. Zudem vermeiden Unternehmen mit einem volatileren Comprehensive Income und mit wesentlichen unrealisierten Gewinnen und Verlusten aus Available-for-Sale-Wertpapieren eine Offenlegung der unrealisierten Gewinne und Verluste in der Ergebnisberichterstattung.[226] Allerdings

---

[223] Vgl. Chambers et al. (2007), S. 570.
[224] Vgl. Chambers et al. (2007), S. 586.
[225] Vgl. Chambers et al. (2007), S. 586-589.
[226] Vgl. Lee/Petroni/Shen (2006), S. 686-687 und Bamber et al. (2010), S. 114-117.

konnte auch erkannt werden, dass Investoren grössere Aufmerksamkeit auf die unrealisierten Gewinne und Verluste legen, wenn diese im Eigenkapitalnachweis und nicht in der Ergebnisberichterstattung offen gelegt werden (vgl. Abb. 5/2). Dieses Resultat kann jedoch mit der tiefen Aussagekraft des Modells von lediglich 4% erklärt werden.[227] Das bedeutet, dass eventuell wesentliche Einflussfaktoren nicht berücksichtigt wurden, die zu einer Verzerrung der Resultate führten.[228] Zudem ist unberücksichtigt, dass die Unternehmen ein Wahlrecht bezüglich Berichterstattungsformat des Other Comprehensive Income besitzen und somit selber entscheiden können, welches Offenlegungsformat sie wählen. Diese so genannte Selbstselektion kann zu einer starken Verzerrung der Resultate führen. Daher ist sie zu korrigieren.[229]

Abb. 5/2: Übersicht der kapitalmarktorientierten Studien zum Berichterstattungsformat des Other Comprehensive Income

Autoren	Titel	Erkenntnisse
Lee/Petroni/ Shen (2006)	Cherry Picking, Disclosure Quality, and Comprehensive Income Reporting Choices: The Case of Property-Liability Insurers	Versicherungsgesellschaften, die ihren Unternehmenserfolg durch das Realisieren von Gewinnen und Verlusten aktiv steuern und die einen schlechten Ruf bezüglich Qualität der Offenlegung aufweisen, zeigen das Other Comprehensive Income häufiger im Eigenkapitalnachweis.
Bamber et al. (2010)	Comprehensive Income: Who's Afraid of Performance Reporting?	Managerinnen und Manager mit stärkeren eigenkapitalbasierten Anreizen und geringerer Arbeitsplatzsicherheit zeigen das Other Comprehensive Income häufiger im Eigenkapitalnachweis. Ebenso Unternehmen mit einem volatileren Comprehensive Income und mit wesentlichen unrealisierten Gewinnen und Verlusten aus Available-for-Sale-Wertpapieren.
Chambers et al. (2007)	An Evaluation of SFAS No. 130 Comprehensive Income Disclosures	Die Investoren legen grössere Aufmerksamkeit auf das Other Comprehensive Income, wenn es im Eigenkapitalnachweis berichtet wird.

---

[227] Vgl. Chambers et al. (2007), S. 589.
[228] Vgl. Wooldridge (2009), S. 93.
[229] Vgl. Bamber et al. (2010), S. 122.

6. Kapitel: Erfordernis einer eigenen Untersuchung

Nachfolgend wird erläutert, weshalb eine eigene Untersuchung notwendig ist. Dazu wird zuerst der Beitrag zur Forschung aufgezeigt. Anschliessend wird die Abgrenzung zu den bisherigen Studien vorgenommen.

6.1 Beitrag zur Forschung

Unter US GAAP haben die Unternehmen ein Wahlrecht, das Comprehensive Income sowie die Komponenten des Other Comprehensive Income entweder in der Ergebnisberichterstattung oder im Eigenkapitalnachweis offen zu legen. Das FASB empfiehlt ihnen jedoch eine Offenlegung in der Ergebnisberichterstattung, obwohl mit beiden Methoden dieselbe Information dargestellt wird.[230] Dies zeigt, dass der Standardsetzer der Ansicht ist, der Ort der Berichterstattung sei relevant für die Analyse des Unternehmens.

Das FASB und das IASB sind mit ihrem gemeinsamen Projekt «Financial Statement Presentation» bereits einen Schritt in Richtung einer transparenten Berichterstattung des Unternehmensgesamterfolgs gegangen. Im September 2007 publizierte das IASB den überarbeiteten IAS 1, der von den Unternehmen seit dem Geschäftsjahr 2009 anzuwenden ist. Dieser Standard schreibt den Anwendern vor, das Other Comprehensive Income in der Ergebnisberichterstattung zu zeigen. Eine Offenlegung im Eigenkapitalnachweis ist nicht mehr gestattet.[231] Geplant ist, dass auch unter US GAAP diese Pflicht gelten wird. Zudem soll das Wahlrecht eliminiert werden, dass das Comprehensive Income sowie die Komponenten des Other Comprehensive Income als separater Abschlussbestandteil gezeigt werden dürfen (Two-Statement Approach). Dies weist auf die hohe Bedeutung dieser Positionen hin.

Bei den Anwendern ist die Offenlegung des Other Comprehensive Income in der Ergebnisberichterstattung sehr umstritten. Sie befürchten, dass dies eine grössere Volatilität des Aktienkurses zur Folge hat, da die Komponenten des Other Comprehensive Income teilweise grossen Wertschwankungen unterworfen sind.[232] Diese Wertschwankungen führen bei einer transparenteren Berichterstattung zu einem volatileren Ergebnis, welches die durch die Investoren wahrgenommene Volatilität der Unternehmensperformance erhöhen kann.[233] Eine grössere wahrge-

---

[230] Vgl. SFAS 130.A67.

[231] Vgl. Goncharov/Hodgson (2008), S. 6 und IAS 1.81-82 und 1.139.

[232] Vgl. Graham/Harvey/Rajgopal (2005), S. 49.

[233] Es konnte empirisch nachgewiesen werden, dass das Comprehensive Income volatiler ist als das Nettoeinkommen. Vgl. Hodder/Hopkins/Wahlen (2006), S. 346 und Barth/Landsman/ Wahlen (1995), S. 602.

nommene Volatilität beeinflusst die Risikobeurteilung der Investoren.[234] Diese
nehmen das Unternehmen als risikoreicher wahr, was eine grössere Volatilität des
Aktienkurses zur Folge hat.[235]

Die Anwender vermeiden in der Regel einen volatileren Aktienkurs, da ein solcher
zu höheren Finanzierungskosten führt.[236] Ein weiterer Grund für die Unternehmen,
über eine hohe Volatilität des Aktienkurses besorgt zu sein, ist das Risiko, dass die
aktienbasierte Vergütung weniger wirksam beziehungsweise teurer ist.[237] Daher
zeigen US GAAP-Anwender die unrealisierten Gewinne und Verluste bisher
mehrheitlich im Eigenkapitalnachweis. Lediglich ungefähr 20% der Unternehmen
legen sie in der Ergebnisberichterstattung offen.[238] Dies trotz der Empfehlung des
FASB, das Other Comprehensive Income in der Ergebnisberichterstattung zu
zeigen.[239] Somit sind auch die Anwender der Ansicht, es sei relevant, wo die
Informationen offen gelegt werden.

Mit dieser Untersuchung soll die Frage geklärt werden, ob die Unternehmen, die
das Other Comprehensive Income in der Ergebnisberichterstattung offen legen,
eine grössere Aktienkursvolatilität aufweisen als solche, die es im Eigenkapitalnachweis berichten. Dadurch soll gezeigt werden, ob die Investoren bei einer
transparenteren Berichterstattung das Other Comprehensive Income beziehungsweise Teile davon häufiger wahrnehmen. Dies würde bedeuten, dass durch eine
transparentere Berichterstattung von Finanzinformationen diese vermehrt in die
Analyse des Unternehmens einfliessen und es somit relevant ist, wo das Other
Comprehensive Income offen gelegt wird.

Die eigene Untersuchung könnte den Entscheid des FASB und des IASB bestätigen, die Wahlrechte zu den unrealisierten Gewinnen und Verlusten zu eliminieren
und die Offenlegung des Other Comprehensive Income zwingend in der Ergebnisberichterstattung zu fordern. Zudem könnte sie dem FASB und dem IASB bei der
Veröffentlichung eines überarbeiteten Standards zum Projekt «Statement of
Comprehensive Income» sowie bei weiteren Projekten, die das Ziel aufweisen, die
Transparenz des Abschlusses zu erhöhen, als Argumentation dienen.

---

[234] Vgl. Maines/McDaniel (2000), S. 189 und Lipe (1998b), S. 637.
[235] Vgl. Graham/Harvey/Rajgopal (2005), S. 49 und Venkatachalam (2000), S. 204.
[236] Vgl. Venkatachalam (2000), S. 204 und Waymire (1985), S. 268.
[237] Vgl. Baiman/Verrecchia (1995), S. 110 und Bushee/Noe (2000), S. 172-173.
[238] Vgl. Bamber et al. (2010), S. 106.
[239] Managerinnen und Manager legen im Allgemeinen grossen Wert darauf, einen Ruf für eine
       transparente Berichterstattung aufzuweisen. Vgl. Graham/Harvey/Rajgopal (2005), S. 54.

6.2   Abgrenzung zu den bisherigen Studien

Wie in Kapitel 5 erläutert, zeigen verhaltensorientierte Studien einen positiven Zusammenhang zwischen einer transparenten Berichterstattung des Other Comprehensive Income und der Berücksichtigung dieser Informationen für die Beurteilung der Unternehmens- und Managementperformance. Zudem kann aus dem Experiment von Bloomfield, Nelson und Smith geschlossen werden, dass eine transparente Berichterstattung von wesentlichen unrealisierten Gewinnen und Verlusten, die mit dem Aktienkurs korreliert sind, die Volatilität des Aktienkurses erhöhen kann.[240] Die Auswirkung einer transparenten Berichterstattung der übrigen unrealisierten Gewinne und Verluste auf die Aktienkursvolatilität wurde bei den verhaltensorientierten Studien bis anhin nicht untersucht.

Mit kapitalmarktorientierten Studien wurde der Entscheidungsprozess zur Berichterstattung des Other Comprehensive Income erforscht. Der Zusammenhang zwischen einer transparenten Berichterstattung des Other Comprehensive Income und der Berücksichtigung dieser Informationen für die Beurteilung der Unternehmens- und Managementperformance wurde bislang noch nicht untersucht. Ebenfalls noch nicht erforscht wurde die Auswirkung einer transparenteren Berichterstattung des Other Comprehensive Income auf die Aktienkursvolatilität.

Durch eine eigene, kapitalmarktorientierte Untersuchung kann die bestehende Lücke geschlossen werden.

---

[240]   Vgl. Bloomfield/Nelson/Smith (2006), S. 406 und Koonce (2006), S. 419.

Teil III: Eigene Untersuchung

7. Kapitel: Hypothesen- und Modellentwicklung

Nachfolgend sind die Hypothesen aufgeführt, die in dieser Arbeit untersucht werden. Zudem wird das Modell erläutert, mit welchem die Hypothesen überprüft werden.

7.1 Hypothesen

Im Rahmen der vorliegenden Untersuchung werden Hypothesen zu drei Themengebieten bezüglich des Other Comprehensive Income erarbeitet. Das wichtigste Themengebiet umfasst die Wahrnehmung des Other Comprehensive Income durch die Investoren bei unterschiedlichem Berichterstattungsformat. Darauf ist der Fokus der Arbeit gerichtet. Zusätzlich werden Hypothesen zum Entscheid des Managements bezüglich Berichterstattungsformats des Other Comprehensive Income sowie zur Volatilität des Comprehensive Income aufgestellt.

7.1.1 Wahrnehmung des Other Comprehensive Income

Wie in Kapitel 6 erläutert, existiert bislang keine kapitalmarktorientierte Studie, die zeigt, ob eine transparentere Berichterstattung des Other Comprehensive Income die Volatilität des Aktienkurses erhöht.[241] Um diese Lücke zu schliessen, wird empirisch untersucht, ob die Aktienkurse von Unternehmen, die das Other Comprehensive Income in der Ergebnisberichterstattung offen legen signifikant mehr schwanken als diejenigen von Unternehmen, die diese Positionen im Eigenkapitalnachweis zeigen. Ziel ist, die Reaktion der Investoren auf die unterschiedliche Darstellung des Other Comprehensive Income zu ermitteln. Dazu wird nachfolgende Hypothese aufgestellt.

Hypothese 1:   *Die Offenlegung des Other Comprehensive Income in der Ergebnisberichterstattung hat einen signifikant positiven Einfluss auf die Volatilität des Aktienkurses.*

Kann die Hypothese 1 angenommen werden, weisen die Unternehmen mit einer Offenlegung des Other Comprehensive Income in der Ergebnisberichterstattung eine grössere Aktienkursvolatilität auf als diejenigen, die dieses im Eigenkapitalnachweis zeigen. Das bedeutet, dass die Investoren das Other Comprehensive Income beziehungsweise Teile davon signifikant häufiger wahrnehmen, wenn diese in der Ergebnisberichterstattung offen gelegt werden. Dadurch fliessen die

---

[241] Mit verhaltensorientierten Studien kann lediglich vermutet werden, dass bei Vorhandensein wesentlicher unrealisierter Gewinne und Verluste aufgrund des Haltens eigener Aktien oder Kreuzbeteiligungen bei einer transparenteren Berichterstattung die Preisdynamik und somit die Aktienkursvolatilität zunimmt (vgl. Abschnitt 5.1.5).

Informationen vermehrt in die Analyse des Unternehmens ein. Dies, obwohl dieselben Informationen auch bei einer Offenlegung im Eigenkapitalnachweis im Jahresabschluss verfügbar sind. Berücksichtigen die Investoren die unrealisierten Gewinne und Verluste unterschiedlich, wenn diese transparenter gezeigt werden, ist es relevant, wo diese Positionen offen gelegt werden.

7.1.2 Vermeidungsstrategie

US GAAP-Anwender legen das Other Comprehensive Income mehrheitlich im Eigenkapitalnachweis offen, trotz der Empfehlung des FASB, diese in der Ergebnisberichterstattung zu zeigen.[242] Die Vermutung liegt nahe, dass das Berichterstattungsformat des Other Comprehensive Income für das Management relevant ist. Eine gross angelegte Befragung von Managerinnen und Managern ergab, dass diese befürchten, ein volatileres Ergebnis führe dazu, dass das Unternehmen von den Investoren als risikoreicher wahrgenommen werde.[243] Da das Comprehensive Income in der Regel volatiler ist als das Nettoeinkommen vermutet das Management, dass bei einer Offenlegung des Comprehensive Income in der Ergebnisberichterstattung die Investoren die Leistung des Unternehmens als stärker schwankend wahrnehmen würden. Als Konsequenz wird von den Unternehmen häufiger das weniger transparente Berichterstattungsformat gewählt.

Es stellt sich die Frage, ob sich bestimmte Unternehmen häufiger für eine Berichterstattung des Other Comprehensive Income im Eigenkapitalnachweis entscheiden. Vermutet wird, dass hauptsächlich Unternehmen mit einer grösseren Volatilität des Comprehensive Income im Vergleich zum Nettoeinkommen beziehungsweise einem negativen Other Comprehensive Income das weniger transparente Berichterstattungsformat wählen. Denn es wird angenommen, dass bei diesen Unternehmen Transparenz mit höheren Kosten verbunden ist. Durch eine Untersuchung dieser Zusammenhänge soll gezeigt werden, ob vermieden wird, bei einer grösseren Volatilität des Comprehensive Income beziehungsweise einem negativen Other Comprehensive Income die unrealisierten Gewinne und Verluste transparent offen zu legen. Dazu werden zwei Hypothesen aufgestellt:

Hypothese 2:   *Unternehmen, die beim Entscheid zum Darstellungswahlrecht eine grössere Volatilität des Comprehensive Income im Vergleich zum Nettoeinkommen aufweisen, legen das Other Comprehensive Income signifikant häufiger im Eigenkapitalnachweis offen.*

---

[242] Vgl. Graham/Harvey/Rajgopal (2005), S. 54.
[243] Vgl. Graham/Harvey/Rajgopal (2005), S. 49.

Hypothese 3:   *Unternehmen, die beim Entscheid zum Darstellungswahlrecht ein negatives Other Comprehensive Income aufweisen, legen das Other Comprehensive Income signifikant häufiger im Eigenkapitalnachweis offen.*

Können die Hypothesen 2 und 3 angenommen werden, bedeutet dies, dass die Unternehmen eine Vermeidungsstrategie ausüben. Mit einer Offenlegung der unrealisierten Gewinne und Verluste im Eigenkapitalnachweis wollen sie verhindern, dass das stärker schwankende Comprehensive Income beziehungsweise das negative Other Comprehensive Income von den Investoren besser wahrgenommen wird. Eine verbesserte Wahrnehmung führt nach Ansicht des Managements dazu, dass das Unternehmen als risikoreicher wahrgenommen wird, was zu einem volatileren Aktienkurs führt. Zudem würde das Management als weniger kompetent beurteilt.[244]

7.1.3 Grössere Volatilität des Ergebnisses

Die Hypothesen 1 bis 3 basieren auf der Annahme, dass das Comprehensive Income volatiler ist als das Nettoeinkommen und somit das Other Comprehensive Income zusätzlich Schwankungen in das Ergebnis bringt.[245] Um diese Annahme zu testen, wird folgende Hypothese aufgestellt:

Hypothese 4:   *Die Volatilität des Comprehensive Income ist grösser als die Volatilität des Nettoeinkommens.*

Ist die Volatilität des Comprehensive Income grösser als die Volatilität des Nettoeinkommens, ist das Other Comprehensive Income der Auslöser für die erhöhte Volatilität des Ergebnisses.[246] Eine Offenlegung des Comprehensive Income sowie der Bestandteile des Other Comprehensive Income in der Ergebnisberichterstattung führt somit zu mehr Volatilität im Schlussergebnis (Bottom-Line).

7.2 Modell

Für das Testen der Hypothese 1 wird ein Modell erarbeitet. Mit diesem Modell sowie mit der Auswertung der erhobenen Daten können zudem die Hypothesen 2 bis 4 untersucht werden. Nachfolgend werden die Aktienkursvolatilität spezifiziert, die Offenlegung des Other Comprehensive Income sowie die Einflussfaktoren auf die Aktienkursvolatilität erläutert und erklärt, wie die vorhandene Selbstselektion korrigiert wird. Anschliessend wird das erarbeitete Modell aufgezeigt.

---

[244] Vgl. Graham/Harvey/Rajgopal (2005), S. 48-50 und Bamber et al. (2010), S. 121.
[245] Vgl. Barth/Landsman/Wahlen (1995), S. 602.
[246] Vgl. Bamber et al. (2010), S. 108.

7.2.1 Spezifizierung der Aktienkursvolatilität

Untersucht wird, ob sich die Offenlegung des Other Comprehensive Income in der Ergebnisberichterstattung auf die Volatilität des Aktienkurses auswirkt. Für die Volatilität des Aktienkurses (*VOL*) wird der Zeitraum des Geschäftsjahres *t*+1 betrachtet, in welchem der Finanzbericht des Geschäftsjahres *t* publiziert worden ist. Sie wird als natürlicher Logarithmus der Standardabweichung der täglichen Aktienkursrenditen (y_{ia}) über ein Jahr gemessen, wobei ein Jahr in der Regel 252 Handelstage besitzt.[247] Mittels der stetigen Rendite[248] werden dabei die täglichen Aktienkursrenditen berechnet.[249] Die stetige Rendite ermittelt sich aus dem natürlichen Logarithmus der prozentualen Veränderung des Aktienpreises (S_{ia}) im Zeitpunkt *a* (1 bis 252).[250] Somit ist die Aktienkursvolatilität wie folgt definiert:

$$VOL_{it+1} = \ln\left(\sqrt{\frac{1}{A-1}\sum_{a=1}^{A}(y_{ia} - \bar{y}_i)^2}\right), \text{ wobei } y_{ia} = \ln\left(\frac{S_{ia}}{S_{ia-1}}\right) = \ln(S_{ia}) - \ln(S_{ia-1})$$

7.2.2 Darstellungswahlrecht zum Other Comprehensive Income

Für das Testen der Hypothese 1 wird eine Indikatorvariable[251] in das Modell eingefügt. Damit werden diejenigen Unternehmen, die das Other Comprehensive Income in der Ergebnisberichterstattung zeigen von denjenigen Unternehmen separiert, die dieses im Eigenkapitalnachweis offen legen.

Die Indikatorvariable (*D*) beträgt 1 bei einer Berichterstattung der unrealisierten Gewinne und Verluste in der Ergebnisberichterstattung, ansonsten 0. Es wird erwartet, dass *D* einen positiven Einfluss auf die Volatilität des Aktienkurses aufweist.

7.2.3 Einflussfaktoren auf die Aktienkursvolatilität

Nachfolgend werden die Einflussfaktoren auf die Aktienkursvolatilität erläutert, die im Modell berücksichtigt sind. Diese wurden basierend auf den in der interna-

---

[247] Vgl. Bushee/Noe (2000), S. 193 und Imhoff/Lipe/Wright (1993), S. 353.
       Es wird der natürliche Logarithmus der Standardabweichung verwendet, da dieser die Normalverteilung besser widerspiegelt. Andernfalls sind die Residuen nicht normal verteilt und es liegt Heteroskedastizität vor. Vgl. Imhoff/Lipe/Wright (1993), S. 350.

[248] Stetige Renditen sind auf der gesamten Menge der reellen Zahlen definiert. Diskrete Renditen hingegen sind durch einen möglichen Totalverlust des Kapitals nach unten begrenzt. Dadurch wird mit der stetigen Rendite eine bessere Approximation der Normalverteilung erreicht. Vgl. Thomas (2008), S. 4.

[249] Vgl. Kanas (2000), S. 451.

[250] Vgl. Thomas (2008), S. 3.

[251] Indikatorvariablen beschreiben binäre Informationen. Sie nehmen entweder den Wert 0 oder 1 an.

tionalen Literatur verwendeten Parametern sowie anhand eigener Überlegungen bestimmt.

7.2.3.1 Nettoeinkommen

Weist ein Unternehmen profitable Werte auf, ist es in der Regel stabiler. Eine Investition in ein profitables Unternehmen ist somit sicherer. Dadurch nimmt die Unsicherheit der Investoren ab, was zu tieferer Aktienkursvolatilität führt.[252] Aus diesem Grund wird das Nettoeinkommen in das Modell eingeschlossen, das als Näherung für die Profitabilität des Unternehmens gilt.

Berechnet wird das Nettoeinkommen (NI) im Verhältnis zum Marktwert des Eigenkapitals im Geschäftsjahr t.[253] Es ist zu erwarten, dass NI einen negativen Einfluss auf die Aktienkursvolatilität aufweist.[254]

7.2.3.2 Other Comprehensive Income

Das Other Comprehensive Income stellt Wertzunahmen beziehungsweise Wert-minderungen aufgrund unrealisierter Gewinne beziehungsweise Verluste dar. Ein Unternehmen mit einem grösseren Other Comprehensive Income weist profitable-re Werte auf. Daher kann identisch argumentiert werden wie beim Nettoeinkom-men. Die Unsicherheit der Investoren nimmt ab, da das Unternehmen profitabler ist. Ein grösseres Other Comprehensive Income führt somit zu tieferer Aktien-kursvolatilität.[255] Die Unternehmen haben jedoch die Wahl, das Other Compre-hensive Income transparenter in der Ergebnisberichterstattung oder weniger transparent im Eigenkapitalnachweis offen zu legen. Die Hypothese 1 besagt, dass das Other Comprehensive Income beziehungsweise Teile davon signifikant häufiger wahrgenommen werden, wenn diese in der Ergebnisberichterstattung gezeigt werden. Kann die Hypothese 1 angenommen werden, fliessen das Other Comprehensive Income beziehungsweise Teile davon bei gewissen Investoren seltener in die Beurteilung der Unternehmensperformance. Der Einfluss auf die Aktienkursvolatilität sollte trotzdem negativ sein.

Das Other Comprehensive Income (OCI) wird identisch wie NI im Verhältnis zum Marktwert des Eigenkapitals im Geschäftsjahr t ermittelt. Es wird erwartet, dass OCI einen negativen Einfluss auf die Aktienkursvolatilität aufweist. Kann die zu untersuchende Hypothese 1 jedoch angenommen werden, d.h. die Investoren nehmen das Other Comprehensive Income beziehungsweise Teile davon abhängig

---

[252] Vgl. Venkatachalam (2000), S. 204.
[253] Vgl. Bushee/Noe (2000), S. 192-193.
[254] Vgl. Pástor/Veronesi (2003), S. 1777 und Wei/Zhang (2006), S. 290.
[255] Vgl. Venkatachalam (2000), S. 204.

vom Berichterstattungsformat unterschiedlich wahr, ist die Signifikanz allenfalls nicht gegeben.

7.2.3.3 Handelsvolumen

Es besteht ein positiver Zusammenhang zwischen der Liquidität des jeweiligen Titels und der Aktienkursvolatilität. Bei grösserer Handelsaktivität (Handelsvolumen) ist die Aktienkursvolatilität höher.[256] Deshalb wird das Handelsvolumen in das Modell integriert. Die Ursache dieses Zusammenhangs kann jedoch nicht genau bestimmt werden. Einerseits kann neue Information dazu führen, dass die Investoren ihre Preisvorstellungen gleichzeitig in dieselbe Richtung revidieren. Andererseits kann die Ursache ein Herdenverhalten sein, bei welchem die Investoren die Kursentwicklung in ihre Handelsstrategie einfliessen lassen.[257]

Das Handelsvolumen (*TVOL*) wird berechnet als das durchschnittliche monatliche Handelsvolumen im Verhältnis zu den durchschnittlich total ausstehenden Aktien während des Geschäftsjahres *t*.[258] Es ist zu erwarten, dass *TVOL* einen positiven Einfluss auf die Aktienkursvolatilität aufweist.

7.2.3.4 Leverage

Je grösser das Risiko, welches ein Unternehmen eingeht, desto volatiler ist der Aktienkurs.[259] Daher wird im Modell berücksichtigt, inwieweit die jeweiligen Unternehmen ihre Finanzierung geleveraged haben. Der Leverage gilt als eine gute Näherung für das Risiko des Unternehmens, da stark verschuldete Unternehmen eine höhere Wahrscheinlichkeit besitzen, insolvent zu werden.[260]

Der Leverage (*LEV*) wird berechnet mit der Division der Schulden durch die Aktiven am Bilanzstichtag des Geschäftsjahres *t*. Die Schulden berechnen sich als Summe aus langfristigen Schulden und kurzfristigen Verbindlichkeiten.[261] Es wird ein positiver Einfluss auf die Aktienkursvolatilität erwartet.

7.2.3.5 Grösse des Unternehmens

Es besteht ein negativer Zusammenhang zwischen der Grösse des Unternehmens und der Aktienkursvolatilität.[262] Der Aktienkurs von kleineren Unternehmen reagiert stärker auf Veränderungen als derjenige von grösseren Unternehmen. Dies

---

[256] Vgl. Bushee/Noe (2000), S. 193 und Leuz/Verrecchia (2000), S. 109.
[257] Vgl. Schwert (1990), S. 30 und Karpoff (1987), S. 114-117.
[258] Vgl. Callen/Hope/Segal (2005), S. 403 und Magnan/Xu (2008), S. 22.
[259] Vgl. Shan/Taylor/Walter (2008), S. 13.
[260] Vgl. Hail (2002), S. 755 und Black (1986), S. 533.
[261] Vgl. Bushee/Noe (2000), S. 193.
[262] Vgl. Pástor/Veronesi (2003), S. 1777.

deshalb, da institutionelle Investoren vor allem bei grösseren Unternehmen die irrationalen Transaktionen individueller Investoren ausgleichen können und so die Aktienpreise stabilisieren.[263] Daher wird die Grösse des Unternehmens in das Modell integriert.[264]

Die Grösse des Unternehmens (*SIZE*) wird berechnet als der natürliche Logarithmus des Marktwerts des Eigenkapitals am Bilanzstichtag des Geschäftsjahres *t*.[265] Es ist zu erwarten, dass *SIZE* einen negativen Einfluss auf die Volatilität des Aktienkurses aufweist.

7.2.3.6 Alter des Unternehmens

Jüngere Unternehmen sind tendenziell in stärker wachstumsorientierten Branchen zu finden. Zudem besteht bei ihnen eine grössere Unsicherheit über die zukünftige Entwicklung. Daher weisen jüngere Unternehmen eine grössere Aktienkursvolatilität auf.[266] Aus diesem Grund wird das Alter des Unternehmens in das Modell eingeschlossen.

Das Alter des Unternehmens (*AGE*) wird als natürlicher Logarithmus der Anzahl Jahre seit erstmaliger Erscheinung in der Datenbank CRSP[267] bis zum Zeitpunkt der Beobachtung gemessen. Somit wird die Zeitdauer, während der die Titel des Unternehmens an der Börse gehandelt werden, als Näherung für das Alter verwendet.[268] Es wird ein negativer Einfluss auf die Aktienkursvolatilität erwartet.

7.2.3.7 Marktwert-Buchwert-Verhältnis

Unternehmen mit grösseren Wachstumsmöglichkeiten erfahren tendenziell eine grössere Schwankung im Aktienkurs.[269] Daher wird das Marktwert-Buchwert-Verhältnis in das Modell integriert, das als Näherung für das Wachstum gilt.[270]

Berechnet wird das Marktwert-Buchwert-Verhältnis (*MB*) als Marktwert des Eigenkapitals dividiert durch den Buchwert des Eigenkapitals am Bilanzstichtag

---

[263] Vgl. Cheung/Ng (1992), S. 1995 und Sias (1996), S. 14.

[264] Wie ein Unternehmen Informationen offen legt hängt auch mit der Grösse des Unternehmens zusammen. Durch den Einbezug einer Näherung für die Grösse des Unternehmens in das Modell kann der Einfluss anderer Offenlegungsformate von Informationen teilweise berücksichtigt werden. Vgl. Leuz (2003b), S. 461 und Lang/Lundholm (1993), S. 250-251.

[265] Vgl. Leuz/Verrecchia (2000), S. 108 und Bushee/Noe (2000), S. 182.

[266] Vgl. Pástor/Veronesi (2003), S. 1771-1776.

[267] CRSP ist eine Datenbank des «Center for Research in Security Prices (CRSP)» der Universität Chicago. Sie enthält Informationen zu ungefähr 26'500 börsengehandelten Wertpapieren. Der Zeitpunkt der erstmaligen Erscheinung in CRSP entspricht i.d.R. dem Zeitpunkt des ersten gültigen Aktienpreises.

[268] Vgl. Shan/Taylor/Walter (2008), S. 13 und Wei/Zhang (2006), S. 272.

[269] Vgl. Espahbodi et al. (2002), S. 354-355.

[270] Vgl. Bushee/Noe (2000), S. 193.

des Geschäftsjahres t.[271] Es wird ein positiver Einfluss auf die Volatilität des Aktienkurses erwartet.

7.2.3.8 Zeiteffekte

Die Aktienkursvolatilität ist höher in wirtschaftlich schlechten Zeiten als in wirtschaftlich guten Zeiten. Um die unterschiedlichen wirtschaftlichen Rahmenbedingungen in den einzelnen Geschäftsjahren zu korrigieren, werden Zeitindikatorvariablen für den untersuchten Zeitraum in das Modell eingefügt. Dabei wird ein Geschäftsjahr als Ausgangsjahr gewählt, für welches keine Variable in das Modell zu integrieren ist.[272]

Die Zeitindikatorvariable (Y) des Geschäftsjahres t beträgt 1 im Geschäftsjahr t, ansonsten 0.[273]

7.2.3.9 Brancheneffekte

Unternehmen aus verschiedenen Branchen können unterschiedliche Aktienkursvolatilitäten aufweisen. Beispielsweise sind Finanzdienstleister stark reguliert und haben strengere Anforderungen bezüglich ihrer Finanzierung zu erfüllen. Unternehmen der gleichen Branche weisen hingegen oft vergleichbare Unternehmenseigenschaften auf.[274]

Um die Einflüsse der einzelnen Branchen zu korrigieren, werden Branchenindikatorvariablen (*IND*) in das Modell integriert. Als Unterteilung wird der Global Industry Classifications Standard (GICS) gewählt, bei dem die Unternehmen zehn verschiedenen Branchen zugeordnet werden.[275] Nachfolgend sind die verschiedenen Indikatorvariablen aufgeführt, wobei die Energiebranche die Ausgangsbranche darstellt und somit nicht als Variable in das Modell einzufügen ist:

- IND_1: Roh-, Hilfs- und Betriebsstoffbranche
- IND_2: Industriebranche
- IND_3: Gebrauchsgüterbranche
- IND_4: Verbrauchsgüterbranche
- IND_5: Gesundheitswesen

---

[271] Vgl. Lui/Markov/Tamayo (2007), S. 661.

[272] Die erklärenden Variablen beinhalten den Zeitraum 2004 bis 2007 (vgl. Abschnitt 8.1). Das Ausgangsjahr ist das Jahr 2004. Somit sind drei Zeitindikatorvariablen (für die Jahre 2005 bis 2007) in das Modell zu integrieren.

[273] Vgl. Ahmed/Kilic/Lobo (2006), S. 572 und Cotter/Zimmer (2003), S. 19-20.

[274] Vgl. Shan/Taylor/Walter (2008), S. 23 und Leuz (2003b), S. 460.

[275] Es wird der GICS verwendet, da dieser Standard sehr gut geeignet ist für Auswertungen des Standard & Poor's 500, der in der nachfolgenden Erhebung untersucht wird. Vgl. Bhojraj/Lee/Oler (2003), S. 765.

- IND_6: Finanzbranche
- IND_7: Informationstechnologiebranche
- IND_8: Telekommunikationsdienste
- IND_9: Versorgungswesen.

7.2.4 Korrektur der Selbstselektion

Unter SFAS 130 sieht das FASB ein Wahlrecht zur Offenlegung des Other Comprehensive Income vor. Die Unternehmen können somit selber entscheiden, ob sie das Other Comprehensive Income im Eigenkapitalnachweis oder in der Ergebnisberichterstattung zeigen, wobei sie Kosten-/Nutzenüberlegungen mitberücksichtigen. Ein einmal gewähltes Berichterstattungsformat kann allerdings nur in begründeten Fällen wieder geändert werden.[276] Die Unternehmen entscheiden sich somit in der Regel nur einmal für ein Berichterstattungsformat.

Wie bereits in Kapitel 6 erläutert, sind sowohl die Standardsetzer als auch die Unternehmen der Ansicht, dass es relevant ist, wo das Other Comprehensive Income gezeigt wird. Dies, obwohl bei beiden Berichterstattungsformaten dieselben Informationen offen gelegt werden. Da die Unternehmen den Empfehlungen des FASB, das Other Comprehensive Income in der Ergebnisberichterstattung zu zeigen, mehrheitlich nicht folgen ist zu vermuten, dass eine Selbstselektion[277] vorliegt. Dies bedeutet, dass die Unternehmen, die eine Offenlegung des Other Comprehensive Income im Eigenkapitalnachweis gewählt haben, bestimmte Eigenschaften aufweisen und sich deshalb für eine weniger transparente Berichterstattung entschieden haben. Eine Schätzung des Modells mit der Methode der kleinsten Quadrate (Ordinary Least Squares, OLS) würde verzerrte Resultate ergeben. Damit asymptotisch richtige Ergebnisse gezeigt werden, ist diese Verzerrung zu korrigieren.[278] Nachfolgend werden die Punkte aufgeführt, die zu einer Selbstselektion führen und in das Modell integriert werden.

7.2.4.1 Volatiles Comprehensive Income

Bei einer grossen Volatilität des Comprehensive Income im Vergleich zur Volatilität des Nettoeinkommens zeigen die Unternehmen das Other Comprehensive Income häufiger im Eigenkapitalnachweis.[279] Eine Offenlegung in der Ergebnisberichterstattung würde, da die Investoren viel Gewicht auf das Schlussergebnis

---

[276] Vgl. SFAS 154.4-18.
[277] Selbstselektion bedeutet, dass das Unternehmen sich bewusst für eine bestimmte Stichprobe entscheidet. Vgl. Wooldridge (2009), S. 845.
[278] Vgl. Winkelmann/Boes (2009), S. 214 und Rogers (2008), S. 1283.
[279] Vgl. Bamber et al. (2010), S. 117.

legen, das stark schwankende Comprehensive Income hervorheben.[280] Bei einer Berichterstattung des Other Comprehensive Income im Eigenkapitalnachweis ist die grosse Schwankung des Comprehensive Income weniger gut ersichtlich und wird daher von den Investoren weniger wahrgenommen. Daher wird die Volatilität des Comprehensive Income (*DVOL*) in das Modell integriert.

Berechnet wird die zu berücksichtigende Variable als Indikatorvariable. SFAS 130 war erstmalig für das Geschäftsjahr 1998 anzuwenden, daher mussten die Unternehmen ihren Entscheid bezüglich Darstellungswahlrechts dann treffen. Somit wird die zu berücksichtigende Variable für 1998 sowie für die zwei vorherigen Geschäftsjahre 1996 und 1997 ermittelt, da diese Jahre als Entscheidungsgrundlage dienten. Dabei entspricht *DVOL* dem Wert 1, wenn die Standardabweichung des Comprehensive Income dividiert durch die Standardabweichung des Nettoeinkommens der Jahre 1996 bis 1998 grösser ist als der Stichprobenmedian, ansonsten 0. Es wird erwartet, dass *DVOL* einen negativen Einfluss darauf hat, ob die Unternehmen das Other Comprehensive Income in der Ergebnisberichterstattung offen legen.[281]

7.2.4.2 Negatives Other Comprehensive Income

Die Managerinnen und Manager der Unternehmen wissen, wie stark das Unternehmen dem Risiko von unrealisierten Gewinnen und Verlusten ausgesetzt ist. Besteht ein grosses Risiko zukünftiger unrealisierter Verluste und somit eines negativen Other Comprehensive Income, wird häufiger eine Offenlegung des Other Comprehensive Income im Eigenkapitalnachweis gewählt.[282] Aus diesem Grund wird eine Variable für ein negatives Other Comprehensive Income (*DOCI*) in das Modell integriert, denn Unternehmen mit einem negativen Other Comprehensive Income weisen ein grösseres Risiko auf, zukünftig ebenfalls unrealisierte Verluste zu erwirtschaften.

Das Risiko unrealisierter Verluste wird als Indikatorvariable geschätzt, wobei *DOCI* dem Wert 1 entspricht, wenn der Durchschnitt des Other Comprehensive Income der Jahre 1996 bis 1998 dividiert durch die Aktiven negativ ist.[283] Es werden die Jahre 1996 bis 1998 gewählt, da diese Jahre als Entscheidungsgrundlage dienten. Erwartet wird, dass *DOCI* einen negativen Einfluss darauf hat, ob die Unternehmen das Other Comprehensive Income in der Ergebnisberichterstattung offen legen.

---

[280] Die Managerinnen und Manager befürchten, dass dadurch das Unternehmen als risikoreicher wahrgenommen wird. Vgl. Maines/McDaniel (2000), S. 189.
[281] Vgl. Lee/Petroni/Shen (2006), S. 681-682.
[282] Vgl. Campbell/Crawford/Franz (1999), S. 19.
[283] Vgl. Bamber et al. (2010), S. 111.

7.2.5 Übersicht des Modells

Das Problem der Selbstselektion wird empirisch oft mit einem Treatment Effects-Modell gelöst.[284] Damit können die Verzerrung aufgrund der Selbstselektion korrigiert und die Hypothesen getestet werden:[285]

(1) Treatment-Modell

$$D_i \quad = \quad \gamma_0 + \gamma_1\, DVOL_i + \gamma_2\, DOCI_i + v_i$$

(2) Outcome-Modell

$$VOL_{it+1} = \beta_0 + \beta_1\, D_i + \beta_2\, NI_{it} + \beta_3\, OCI_{it} + \beta_4\, TVOL_{it} + \beta_5\, LEV_{it} + \beta_6\, SIZE_{it} + \\ \beta_7\, AGE_{it} + \beta_8\, MB_{it} + \beta_{9,2005}\, Y_{2005i} + \beta_{9,2006}\, Y_{2006i} + \beta_{9,2007}\, Y_{2007i} + \\ \beta_{10,1}\, IND_{1i} + \beta_{10,2}\, IND_{2i} + \ldots + \beta_{10,9}\, IND_{9i} + \beta_{11}\, IMR_i + u_{it}$$

Das Treatment Effects-Modell schätzt den Einfluss einer endogenen, binären Behandlung (D) auf eine kontinuierliche, vollständig beobachtete Variable (VOL). Dazu wird ein zweistufiges Vorgehen gewählt.[286] In einem ersten Schritt wird ein Treatment-Modell erarbeitet. Mit ihm wird die Entscheidung des Unternehmens zum Darstellungswahlrecht abgebildet. Mit Hilfe des Treatment-Modells wird schliesslich eine Variable, die Inverse Mills Ratio[287] (IMR) geschätzt. In einem zweiten Schritt wird mit einem so genannten Outcome-Modell der Zusammenhang zwischen der Aktienkursvolatilität, der Offenlegungsstrategie des Unternehmens sowie anderen Kontrollvariablen modelliert. Um die Koeffizienten des Outcome-Modells konsistent zu schätzen, wird die Inverse Mills Ratio, die bei der Schätzung des Treatment-Modells erarbeitet wurde, als zusätzliche unabhängige Variable eingeschlossen. Dadurch kann die Selbstselektion korrigiert werden. Anschliessend wird das Outcome-Modell mit OLS geschätzt. So resultiert eine unverzerrte und konsistente Schätzung der Regressionsparameter.[288]

---

[284] Vgl. Rogers (2008), S. 1283 und Lang/Lins/Miller (2003), S. 328.

[285] Dabei stellen v_i und u_{it} die Residuen dar, γ_0 und β_0 die Achsenabschnitte und γ_1 bis γ_2 sowie β_1 bis β_{11} die Steigungskoeffizienten der Variablen.

[286] Alternativ kann auch ein einstufiges Vorgehen gewählt werden, bei der eine Schätzung mit Maximum Likelihood vorgenommen wird. Das zweistufige Vorgehen ist jedoch populärer. Zudem sind weniger Annahmen einzuhalten. Vgl. Honoré/Vella/Verbeek (2008), S. 404-407.

[287] Die Inverse Mills Ratio ist das Verhältnis von Dichtefunktion und Verteilungsfunktion der Standardnormalverteilung, jeweils berechnet am gleichen Ort. Vgl. Wooldridge (2009), S. 589.

[288] Vgl. Greene (2008), S. 890, Leuz (2003b), S. 468 und Leuz/Verrecchia (2000), S. 101-102.

Abb. 7/1: Definition der Variablen

Variable	Definition
AGE	Natürlicher Logarithmus der Anzahl Jahre seit erstmaliger Erscheinung in CRSP bis zum Zeitpunkt der Beobachtung.
D	Indikatorvariable, wobei $D = 1$, wenn das Other Comprehensive Income in der Ergebnisberichterstattung offen gelegt wird, ansonsten 0.
DOCI	Indikatorvariable, wobei $DOCI = 1$, wenn der Durchschnitt des Other Comprehensive Income im Verhältnis zu den Aktiven negativ ist, ansonsten 0. Berechnet wird die Variable für das Geschäftsjahr, als das Other Comprehensive Income erstmalig offen zu legen war sowie für die zwei vorherigen Geschäftsjahre.
DVOL	Indikatorvariable, wobei $DVOL = 1$, wenn die Standardabweichung des Comprehensive Income dividiert durch die Standardabweichung des Nettoeinkommens grösser ist als der Stichprobenmedian, ansonsten 0. Berechnet wird die Variable für das Geschäftsjahr, als das Other Comprehensive Income erstmalig offen zu legen war sowie für die zwei vorherigen Geschäftsjahre.
IMR	Korrekturfaktor für die Selbstselektion, der aus dem Treatment-Modell hergeleitet wird.
IND	Branchenindikatorvariablen gemäss dem Global Industry Classifications Standard (GICS), wobei $IND_1 = 1$, wenn das Unternehmen der Branche 1 angehört, ansonsten 0.
LEV	Schulden berechnet als Summe aus langfristigen Schulden und kurzfristigen Verbindlichkeiten im Verhältnis zu den Aktiven am Bilanzstichtag des Geschäftsjahres t.
MB	Marktwert des Eigenkapitals dividiert durch den Buchwert des Eigenkapitals am Bilanzstichtag des Geschäftsjahres t.
NI	Nettoeinkommen im Verhältnis zum Marktwert des Eigenkapitals im Geschäftsjahr t.
OCI	Other Comprehensive Income im Verhältnis zum Marktwert des Eigenkapitals im Geschäftsjahr t.
SIZE	Natürlicher Logarithmus des Marktwerts des Eigenkapitals am Bilanzstichtag des Geschäftsjahres t.
TVOL	Durchschnittliches monatliches Handelsvolumen im Verhältnis zu den durchschnittlich total ausstehenden Aktien während des Geschäftsjahres t.
VOL	Natürlicher Logarithmus der Standardabweichung der täglichen Aktienkursrenditen (stetige Rendite) während dem Geschäftsjahr $t+1$ gemessen.
Y	Zeitindikatorvariablen der untersuchten Geschäftsjahre, wobei $Y_{2005} = 1$ im Geschäftsjahr 2005, ansonsten 0.

8. Kapitel: Empirische Untersuchung

Nachfolgend wird die empirische Untersuchung erläutert. Dabei werden zuerst die Datenselektion und die deskriptive Statistik aufgezeigt. In einem weiteren Schritt folgen die Ergebnisse der Untersuchung sowie die Robustheitstests. Ein Fazit schliesst die Untersuchung ab.

8.1 Datenselektion

Als Stichprobe für die empirische Untersuchung werden die Unternehmen des Standard & Poor's (S&P) 500 gewählt. Der S&P 500 ist ein Aktienindex, der die Aktien der 500 führenden Unternehmen der US-amerikanischen Wirtschaft beinhaltet.[289] Er repräsentiert ungefähr 75% der US-amerikanischen Börsenkapitalisierung und gilt daher als guter Indikator für die Wertentwicklung des gesamten US-amerikanischen Aktienmarkts.[290] In der internationalen Literatur wird der S&P 500 häufig als Index verwendet.[291]

Untersucht wird der Zeitraum 2005 bis 2008.[292] In einem ersten Schritt werden die Unternehmen ausgeschlossen, die nicht während der gesamten Betrachtungsperiode im S&P 500 enthalten sind. Ebenfalls nicht berücksichtigt werden die Unternehmen, die ihren Jahresabschluss nicht am 31. Dezember aufweisen. Daraus resultiert eine Stichprobe vor der Datenerhebung von 271 Unternehmen (vgl. Abb. 8/1).

Für die 271 Unternehmen werden in einem weiteren Schritt die Daten anhand der publizierten Geschäftsberichte (10-K) sowie mit den Datenbanken Compustat und CRSP erhoben.[293] Um die Selbstselektion zu korrigieren, werden zusätzlich Angaben zu den Jahren 1996 bis 1998 ermittelt, da die Entscheidung bezüglich Darstellungswahlrecht auf diesen Jahren basiert (vgl. Abschnitt 7.2.4). Diese Daten werden anhand der publizierten Geschäftsberichte (10-K) sowie mit der

---

[289] Da Unternehmen aus lediglich einem Land untersucht werden, haben diese nur einen ökonomischen Hintergrund. Dadurch sind keine länderspezifischen Unterschiede zu berücksichtigen. Vgl. Tarca (2006), S. 347.

[290] Vgl. Standard & Poor's (2009).

[291] Vgl. Chambers et al. (2007), S. 565 und Dawson/Staikouras (2009), S. 1195-1196.

[292] Die erklärte Variable bezieht sich jeweils auf den Zeitpunkt t+1. Somit beinhalten die erklärenden Variablen den Zeitraum 2004 bis 2007. Zudem werden für die Korrektur der Selbstselektion Daten der Jahre 1996 bis 1998 benötigt (vgl. Abschnitt 7.2.4).

[293] 10-K ist der Jahresbericht, der von der US-amerikanischen Securities and Exchange Commission (SEC) gefordert ist. Compustat ist eine Datenbank des Standard & Poor's mit Informationen zu über 24'000 öffentlich gehandelten, nordamerikanischen Unternehmen. CRSP ist eine Datenbank des «Center for Research in Security Prices (CRSP)» der Universität Chicago. Sie enthält Informationen zu ungefähr 26'500 börsengehandelten Wertpapieren.

Datenbank Compustat erhoben. Bei 17 Unternehmen können nicht sämtliche Daten erhoben werden, um die Modellvariablen zu berechnen.[294] Daher werden diese Unternehmen ausgeschlossen. 7 Unternehmen haben während dem betrachteten Zeitraum das Berichterstattungsformat bezüglich Other Comprehensive Income geändert. Durch den Ausschluss dieser Unternehmen wird sichergestellt, dass die Daten wegen der Gründe, die für einen Wechsel verantwortlich sind, nicht verzerrt sind. Dadurch resultiert eine Stichprobe von 247 Unternehmen. Da die Unternehmen über vier Jahre untersucht werden, entsteht eine Regressionsstichprobe mit 988 Beobachtungen (vgl. Abb. 8/2).

Abb. 8/1:   Stichprobe nach der Datenerhebung

	Unternehmen
S&P 500	500
- Fehlende Indexzugehörigkeit über den gesamten Zeitraum	- 125
- Unterschiedlicher Bilanzstichtag	- 104
= Stichprobe vor der Datenerhebung	271
- Fehlende Daten	- 17
- Wechsel des Berichterstattungsformats	- 7
= Stichprobe nach der Datenerhebung	247

Abb. 8/2:   Regressionsstichprobe

	Beobachtungen
Stichprobe nach der Datenerhebung	247
• Untersuchte Jahre	• 4
= Stichprobe für die Regression	988

---

[294] Bei 6 Unternehmen fehlen einzelne Daten der Jahre 2004 bis 2007, bei 11 Unternehmen Daten der Jahre 1996 bis 1998.

8.2 Deskriptive Statistik

Nachfolgend wird die deskriptive Auswertung aufgezeigt. Zuerst werden entsprechend dem Treatment Effects-Modell die Variablen des Treatment-Modells, anschliessend diejenigen des Outcome-Modells analysiert.

8.2.1 Treatment-Modell

Die deskriptive Auswertung zeigt, dass von den 247 untersuchten Unternehmen lediglich 48 beziehungsweise 19.4% das Other Comprehensive Income in der Ergebnisberichterstattung (D = 1) ausweisen (vgl. Abb. 8/3). Die restlichen 199 beziehungsweise 80.6% legen es im Eigenkapitalnachweis (D = 0) offen.

Abb. 8/3:   Deskriptive Auswertung des Treatment-Modells – Abhängige
              Variable

Variable	Offenlegung	Beobach-tungen	Mittelwert	Median	Standard-abweichung	Minimum	Maximum
D	Alle	988	0.1943	0.0000	0.3959	0.0000	1.0000

Von denjenigen Unternehmen, die das Other Comprehensive Income in der Ergebnisberichterstattung offen legen, weisen 41 beziehungsweise 85.4% dieses als separaten Abschlussbestandteil aus (Two-Statement Approach). 7 beziehungsweise 14.6% zeigen es in einem kombinierten Abschlussbestandteil aus Nettoeinkommen und Comprehensive Income (One-Statement Approach). Gesamthaft weisen somit 2.8% der Unternehmen das Other Comprehensive Income als kombinierten, 16.6% als separaten Abschlussbestandteil aus und 80.6% legen es im Eigenkapitalnachweis offen (vgl. Abb. 8/4).

Abb. 8/4:   Offenlegung des Other Comprehensive Income

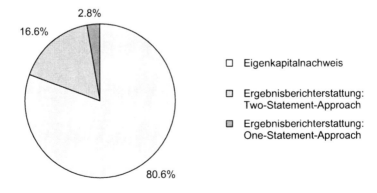

Abb. 8/5:   Prozentualer Anteil einer Offenlegung in der Ergebnisberichterstat-
             tung je Branche

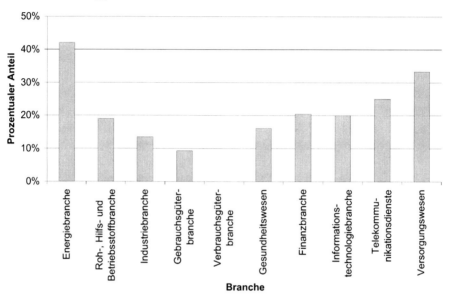

Abb. 8/6:   Anzahl Unternehmen je Branche

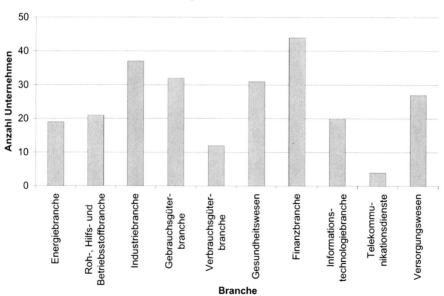

Werden die einzelnen Branchen betrachtet, wird ersichtlich, dass am häufigsten Unternehmen der Energiebranche (42%) und des Versorgungswesens (33%) das Other Comprehensive Income in der Ergebnisberichterstattung zeigen. Von der Verbrauchsgüterbranche weisen sämtliche Unternehmen das Other Comprehensive Income im Eigenkapitalnachweis aus (vgl. Abb. 8/5). Die Stichprobe umfasst jedoch lediglich 12 Unternehmen dieser Branche. Am meisten Unternehmen gehören der Finanzbranche (44 Unternehmen) oder der Industriebranche (37 Unternehmen) an (vgl. Abb. 8/6).

Die deskriptive Auswertung zeigt, dass Unternehmen, die sich für eine Offenlegung des Other Comprehensive Income im Eigenkapitalnachweis entschieden haben, beim Entscheid signifikant häufiger ein Verhältnis zwischen Standardabweichung des Comprehensive Income und Standardabweichung des Nettoeinkommens ($DVOL$) aufweisen, das grösser ist als der Stichprobenmedian. Dies sowohl bezüglich Mittelwert (T-Test) als auch bezüglich Median (Mann-Whitney-Wilcoxon-Test) (vgl. Abb. 8/7). Somit weisen Unternehmen, die das Other Comprehensive Income im Eigenkapitalnachweis offen legen, häufiger eine grössere Schwankung des Comprehensive Income als des Nettoeinkommens aus. Dies zeigt, dass vermutet wird, bei einer Berichterstattung des Other Comprehensive Income im Eigenkapitalnachweis sei die Schwankung des Comprehensive Income weniger gut ersichtlich und werde von den Investoren weniger wahrgenommen. Eine Offenlegung in der Ergebnisberichterstattung würde hingegen das stärker schwankende Comprehensive Income hervorheben, da die Investoren viel Gewicht auf das Schlussergebnis legen.

Abb. 8/7:   Deskriptive Auswertung des Treatment-Modells – Unabhängige Variablen

Variable	Offenlegung	Beobach-tungen	Mittelwert	Median	Standard-abweichung	Minimum	Maximum
$DVOL$	Alle	988	0.4980***	0.0000***	0.5002	0.0000	1.0000
	$D = 0$	796	0.5276	1.0000	0.4995	0.0000	1.0000
	$D = 1$	192	0.3750	0.0000	0.4854	0.0000	1.0000
$DOCI$	Alle	988	0.6680***	1.0000***	0.4712	0.0000	1.0000
	$D = 0$	796	0.6935	1.0000	0.4613	0.0000	1.0000
	$D = 1$	192	0.5625	1.0000	0.4974	0.0000	1.0000

***, ** und * entspricht einer Signifikanz auf dem 1%-, 5%- und 10%-Niveau.

Zudem weisen Unternehmen, die sich für eine Offenlegung des Other Comprehensive Income im Eigenkapitalnachweis entschieden haben, beim Entscheid sowohl bezüglich Mittelwert (T-Test) als auch bezüglich Median (Mann-Whitney-Wilcoxon-Test) signifikant häufiger ein negatives Other Comprehensive Income

(*DOCI*) auf (vgl. Abb. 8/7). Dies zeigt, dass vermutet wird, ein negatives Other Comprehensive Income sei bei einer Offenlegung im Eigenkapitalnachweis weniger gut erkennbar. Daher wird von den Unternehmen dieses Berichterstattungsformat gewählt. Eine Offenlegung in der Ergebnisberichterstattung würde das negative Other Comprehensive Income hervorheben.[295]

Schliesslich ist ersichtlich, dass die Unternehmen beim Entscheid zum Darstellungswahlrecht häufiger ein negatives Other Comprehensive Income aufweisen.[296] Durchschnittlich besassen 66.8% aller untersuchten Unternehmen in den Jahren 1996 bis 1998, die ihnen als Entscheidungsgrundlage gedient haben, ein negatives Other Comprehensive Income. Bei lediglich 33.2% war es positiv (vgl. Abb. 8/7).

8.2.2 Outcome-Modell

Die deskriptive Statistik der Variablen des Outcome-Modells zeigt, dass die durchschnittliche Volatilität des Aktienkurses (exp(*VOL*)) bei den Unternehmen, die das Other Comprehensive Income in der Ergebnisberichterstattung offen legen leicht grösser ist als bei denjenigen, die es im Eigenkapitalnachweis zeigen. Während die durchschnittliche Volatilität bei den Unternehmen mit einer Offenlegung in der Ergebnisberichterstattung 34.0% beträgt, beläuft sie sich bei den Unternehmen mit einer Offenlegung im Eigenkapitalnachweis auf 33.8% (vgl. Abb. 8/8). Dies ist ein Indiz dafür, dass die Unternehmen, die das Other Comprehensive Income in der Ergebnisberichterstattung zeigen, tatsächlich eine grössere Aktienkursvolatilität aufweisen. Der Unterschied ist jedoch statistisch nicht signifikant. Dies kann damit erklärt werden, dass die Daten aufgrund der Selbstselektion verzerrt sind (vgl. Abschnitt 7.2.4).

Zudem zeigt sich, dass es genügend Variation in der Aktienkursvolatilität gibt und dass auch Unternehmen mit einer Offenlegung des Other Comprehensive Income im Eigenkapitalnachweis eine hohe Volatilität des Aktienkurses erreichen (vgl. Abb. 8/8).

---

[295] Vgl. Campbell/Crawford/Franz (1999), S. 19.
[296] Vgl. Abschnitt 7.2.4.

Abb. 8/8:   Deskriptive Auswertung des Outcome-Modells – Abhängige Variab-
             le[297]

Variable	Offenlegung	Beobach- tungen	Mittelwert	Median	Standard- abweichung	Minimum	Maximum
VOL	Alle	988	- 4.0004	- 4.0904	0.5208	- 5.0448	- 2.2769
	D = 0	796	- 4.0017	- 4.0923	0.5204	- 5.0448	- 2.2769
	D = 1	192	- 3.9952	- 4.0864	0.5236	- 4.8959	- 2.2971
exp(VOL)	Alle	988	0.3383	0.2654	0.2188	0.1021	1.6320
	D = 0	796	0.3378	0.2650	0.2184	0.1021	1.6320
	D = 1	192	0.3404	0.2667	0.2211	0.1185	1.5993

***, ** und * entspricht einer Signifikanz auf dem 1%-, 5%- und 10%-Niveau.

Schliesslich wird ersichtlich, dass die Volatilität des Aktienkurses im Jahr 2008
aufgrund der Finanzkrise mehr als 2.5 Mal so gross ist als in den Vorjahren (vgl.
Abb. 8/9). Sie beträgt im Jahr 2008 durchschnittlich 61.9%, in den Vorjahren
durchschnittlich 24.5%.

Abb. 8/9:   Volatilität des Aktienkurses je Jahr

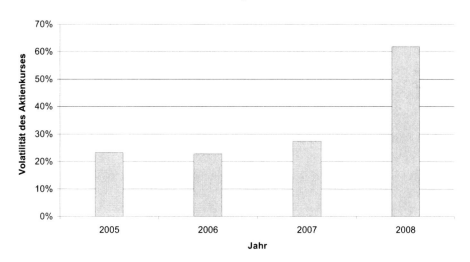

---

[297] *VOL* ist als natürlicher Logarithmus definiert. Um die Variablen interpretieren zu können,
wird die Exponentialfunktion (exp), die Umkehrfunktion des natürlichen Logarithmus, berechnet. Die Variable wurde zudem mit der Wurzel aus der Anzahl Handelstage multipli-
ziert, um die annualisierte Volatilität zu erhalten (vgl. Abschnitt 4.2).

Die Stichprobe zeigt durchschnittlich ein Nettoeinkommen im Verhältnis zum Marktwert des Eigenkapitals (NI) von 4.7%. Das Other Comprehensive Income (OCI) beträgt durchschnittlich 0.5% des Marktwerts des Eigenkapitals. Maximal wird ein Nettoeinkommen im Verhältnis zum Marktwert des Eigenkapitals von 34.5% beobachtet, das maximale Other Comprehensive Income im Verhältnis zum Marktwert des Eigenkapitals beträgt 49.8%. Sowohl beim Nettoeinkommen als auch beim Other Comprehensive Income ist die Standardabweichung bei den Unternehmen, die das Other Comprehensive Income in der Ergebnisberichterstattung offen legen kleiner. Die Standardabweichung des Nettoeinkommens beträgt für Unternehmen mit einer Offenlegung in der Ergebnisberichterstattung 9.8%, bei einer Offenlegung im Eigenkapitalnachweis 13.3%. Beim Other Comprehensive Income beträgt sie 1.8% beziehungsweise 4.2%. Unternehmen, die das Other Comprehensive Income in der Ergebnisberichterstattung zeigen, weisen somit tendenziell ein weniger stark schwankendes Nettoeinkommen und Other Comprehensive Income auf (vgl. Abb. 8/10).

Abb. 8/10:   Deskriptive Auswertung des Outcome-Modells – Unabhängige Variablen (Teil 1)[298]

Variable	Offenlegung	Beobach-tungen	Mittelwert	Median	Standard-abweichung	Minimum	Maximum
NI	Alle	988	0.0465	0.0579*	0.1267	- 2.7491	0.3449
	D = 0	796	0.0459	0.0572	0.1326	- 2.7491	0.3449
	D = 1	192	0.0490	0.0618	0.0984	- 0.8812	0.2409
OCI	Alle	988	0.0049	0.0019	0.0386	- 0.3574	0.4975
	D = 0	796	0.0056	0.0021	0.0421	- 0.3574	0.4975
	D = 1	192	0.0021	0.0014	0.0182	- 0.1161	0.0996

***, ** und * entspricht einer Signifikanz auf dem 1%-, 5%- und 10%-Niveau.

Das Other Comprehensive Income entspricht absolut betrachtet durchschnittlich 29.1% des Nettoeinkommens. Bei 48% der Unternehmen beträgt es zwischen - 10% und 10% des Nettoeinkommens (vgl. Abb. 8/11). Jedes fünfte Unternehmen weist ein Other Comprehensive Income auf, das mehr als 30% des Nettoeinkommens ausmacht (positiv wie auch negativ). Somit sind die unrealisierten Gewinne beziehungsweise Verluste eine relevante Position des Unternehmenserfolgs. Bei 4% der Unternehmen sind die unrealisierten Gewinne beziehungsweise Verluste

---

[298] Das Minimum von *NI* beträgt - 2.7491. Dieser Wert entstand bei der General Motors Corp., die im Geschäftsjahr 2007 ein Nettoeinkommen von USD - 38.73 Mia. erwirtschaftete, bei einem Marktwert des Eigenkapitals von USD 14.09 Mia. Dieses stark negative Nettoeinkommen entstand aufgrund einer Korrektur eines latenten Steueranspruchs in der Höhe von USD 37.16 Mia.

sogar grösser als das Nettoeinkommen, wobei bei 2% das Other Comprehensive Income die entgegengesetzte Richtung des Nettoeinkommens aufweist. Dadurch kehrt sich das Vorzeichen des Comprehensive Income im Vergleich zum Netto-einkommen um. Bei 2% der Unternehmen ist das Comprehensive Income mindes-tens doppelt so gross wie das Nettoeinkommen (positiv beziehungsweise negativ). Das Other Comprehensive Income kann somit ein Vielfaches des Nettoeinkom-mens ausmachen. Gesamthaft betrachtet wird häufiger ein Other Comprehensive Income mit demselben Vorzeichen wie das Nettoeinkommen ausgewiesen (61% der Unternehmen) als mit dem umgekehrten Vorzeichen (39% der Unternehmen).

Abb. 8/11:   Other Comprehensive Income in Prozent des Nettoeinkommens

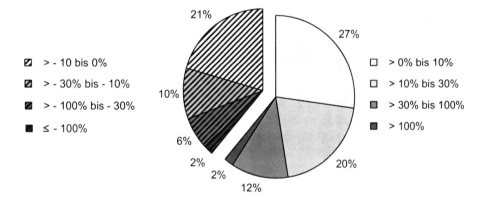

Bei einer Betrachtung des Other Comprehensive Income in Prozent des Markt-werts des Eigenkapitals wird ersichtlich, dass die Unternehmen im Jahr 2005 durchschnittlich ein negatives Other Comprehensive Income aufweisen. Diese sind hauptsächlich aufgrund negativer Fremdwährungsumrechnungen entstanden (vgl. Abb. 8/12 und Abb. 8/16). In den übrigen Jahren weist das Other Compre-hensive Income durchschnittlich ein positives Vorzeichen auf.

Abb. 8/12:   Other Comprehensive Income in Prozent des Marktwerts des
              Eigenkapitals je Jahr

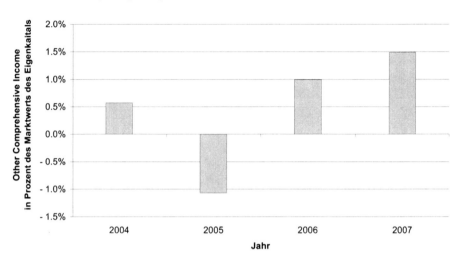

Die Stichprobe zeigt durchschnittlich ein Handelsvolumen (*TVOL*) von 15.6% auf,
der Leverage (*LEV*) beträgt durchschnittlich 24.6% und der Marktwert des Eigenkapitals (exp(*SIZE*)) USD 28.5 Mia. Das Alter der Unternehmen (exp(*AGE*))
beträgt durchschnittlich 40.6 Jahre und das Marktwert-Buchwert-Verhältnis (*MB*)
3.9 (vgl. Abb. 8/13).

Ein Vergleich der beiden Gruppen «Offenlegung im Eigenkapitalnachweis» und
«Offenlegung in der Ergebnisberichterstattung» zeigt, dass beim Alter des Unternehmens (exp(*AGE*)) die zwei Gruppen sowohl bezüglich Mittelwert (T-Test) als
auch bezüglich Median (Mann-Whitney-Wilcoxon-Test) signifikant unterschiedliche Werte aufweisen. Unternehmen, die das Other Comprehensive Income in der
Ergebnisberichterstattung zeigen sind durchschnittlich 3.1 Jahre jünger. Die
beiden Gruppen unterscheiden sich beim Marktwert-Buchwert-Verhältnis (*MB*)
sowie beim Nettoeinkommen (*NI*) bezüglich Median, bei der Grösse des Unternehmens (*SIZE*) bezüglich Mittelwert signifikant. Unternehmen mit einer Offenlegung des Other Comprehensive Income in der Ergebnisberichterstattung weisen
bezüglich Median ein um 0.1 tieferes Marktwert-Buchwert-Verhältnis und ein um
0.5% höheres Nettoeinkommen im Verhältnis zum Marktwert des Eigenkapitals
auf. Zudem zeigen sie durchschnittlich einen um USD 7.4 Mia. tieferen Marktwert

Abb. 8/13:   Deskriptive Auswertung des Outcome-Modells – Unabhängige
              Variablen (Teil 2)[299]

Variable	Offenlegung	Beobach-tungen	Mittelwert	Median	Standard-abweichung	Minimum	Maximum
TVOL	Alle	988	0.1564	0.1200	0.1153	0.0348	0.9236
	D = 0	796	0.1574	0.1208	0.1192	0.0348	0.9236
	D = 1	192	0.1523	0.1192	0.0974	0.0386	0.8306
LEV	Alle	988	0.2462	0.2265	0.1514	0.0000	0.9452
	D = 0	796	0.2468	0.2308	0.1466	0.0000	0.9452
	D = 1	192	0.2438	0.2018	0.1702	0.0000	0.7294
SIZE	Alle	988	23.3962	23.3206	1.0614	21.0336	26.9463
	D = 0	796	23.4104	23.3260	1.0735	21.0336	26.9463
	D = 1	192	23.3375	23.3122	1.0106	21.2113	25.9968
exp(SIZE)	Alle	988	28.5000*	13.4000	49.6000	1.3600	504.0000
	D = 0	796	29.9000	13.5000	53.6000	1.3600	504.0000
	D = 1	192	22.5000	13.3000	26.7000	1.6300	195.0000
AGE	Alle	988	3.5076*	3.5694**	0.6792	1.6094	4.4067
	D = 0	796	3.5280	3.5835	0.6729	1.6094	4.4067
	D = 1	192	3.4233	3.5264	0.7005	1.7918	4.4067
exp(AGE)	Alle	988	40.6093*	35.5000**	22.8356	5.0000	82.0000
	D = 0	796	41.2186	36.0000	22.7347	5.0000	82.0000
	D = 1	192	38.0833	34.0000	23.1380	6.0000	82.0000
MB	Alle	988	3.8597	2.7367*	8.8909	- 109.2861	162.6303
	D = 0	796	4.0361	2.7464	9.7565	- 109.2861	162.6303
	D = 1	192	3.1283	2.6787	3.4071	0.5783	44.6268

***, ** und * entspricht einer Signifikanz auf dem 1%-, 5%- und 10%-Niveau.

des Eigenkapitals.[300] Die übrigen Regressionsvariablen weisen einen Mittelwert und einen Median auf, die zwischen den beiden Gruppen nicht signifikant unterschiedlich sind. Interessant ist, dass die Unternehmen, die das Other Comprehensive Income im Eigenkapitalnachweis zeigen, ein um 166.7% grösseres Other Comprehensive Income im Verhältnis zum Marktwert des Eigenkapitals aufweisen. Die Differenz ist jedoch statistisch nicht signifikant (vgl. Abb. 8/11 und Abb. 8/13).

Im Durchschnitt weisen Unternehmen mit einer Offenlegung des Other Comprehensive Income in der Ergebnisberichterstattung somit eine grössere Volatilität

---

[299] SIZE und AGE sind jeweils als natürlicher Logarithmus definiert. Um die Variablen interpretieren zu können, wird die Exponentialfunktion (exp) aufgeführt, die Umkehrfunktion des natürlichen Logarithmus.

[300] Das Marktwert-Buchwert-Verhältnis ist durchschnittlich 29.0%, der Marktwert des Eigenkapitals 32.9% grösser bei den Unternehmen, die das Other Comprehensive Income im Eigenkapitalnachweis offen legen.

des Aktienkurses, ein grösseres Nettoeinkommen und ein kleineres Other Comprehensive Income im Verhältnis zum Marktwert des Eigenkapitals auf. Zudem verfügen sie über ein kleineres Handelsvolumen, einen kleineren Leverage und einen kleineren Marktwert des Eigenkapitals, sind jünger und haben ein kleineres Marktwert-Buchwert-Verhältnis.

Werden die Komponenten des Other Comprehensive Income separat betrachtet, wird ersichtlich, dass die Differenzen aus der Fremdwährungsumrechnung (*FCT*) durchschnittlich 0.33% des Marktwerts des Eigenkapitals betragen. Sie ist absolut betrachtet mit durchschnittlich 36% die grösste Position des Other Comprehensive Income. Ebenfalls ein grosser Betrag entsteht aufgrund von Pensionsverpflichtungen (*PEN*). Diese betragen durchschnittlich 0.30% des Marktwerts des Eigenkapitals und belaufen sich auf durchschnittlich 35% des Other Comprehensive Income. Die Available-for-Sale-Wertpapiere (*AFS*) betragen 0.11% des Marktwerts des Eigenkapitals beziehungsweise durchschnittlich 11% des Other Comprehensive Income und die Cashflow Hedges (*DER*) 0.02% des Marktwerts des Eigenkapitals beziehungsweise durchschnittlich 14% des Other Comprehensive Income. Die übrigen Positionen (*OTH*) sind mit durchschnittlich 4% des Other Comprehensive Income die kleinste Position. Sie betragen 0.01% des Marktwerts des Eigenkapitals. Die Unternehmen mit einer Offenlegung des Other Comprehensive Income in der Ergebnisberichterstattung weisen weniger stark schwankende Komponenten des Other Comprehensive Income auf (vgl. Abb. 8/14 und Abb. 8/15).

Abb. 8/14:   Deskriptive Auswertung der Bestandteile des Other Comprehensive Income

Variable	Offenlegung	Beobach-tungen	Mittelwert	Median	Standard-abweichung	Minimum	Maximum
FCT	Alle	988	0.0033	0.0002	0.0149	- 0.2362	0.1819
	D = 0	796	0.0036	0.0002	0.0162	- 0.2362	0.1819
	D = 1	192	0.0022	0.0002	0.0080	- 0.0272	0.0355
PEN	Alle	988	0.0030	0.0000	0.0260	- 0.2614	0.4304
	D = 0	796	0.0033	0.0000	0.0285	- 0.2614	0.4304
	D = 1	192	0.0021	0.0000	0.0106	- 0.0318	0.1053
AFS	Alle	988	- 0.0011	0.0000	0.0108	- 0.2797	0.0506
	D = 0	796	- 0.0009	0.0000	0.0109	- 0.2797	0.0506
	D = 1	192	- 0.0022	0.0000	0.0104	- 0.0818	0.0139
DER	Alle	988	- 0.0002	0.0000	0.0085	- 0.0878	0.0805
	D = 0	796	- 0.0002	0.0000	0.0087	- 0.0878	0.0805
	D = 1	192	- 0.0002	0.0000	0.0075	- 0.0638	0.0351
OTH	Alle	988	- 0.0001	0.0000	0.0068	- 0.1875	0.0408
	D = 0	796	- 0.0001	0.0000	0.0074	- 0.1875	0.0332
	D = 1	192	0.0003	0.0000	0.0035	- 0.0122	0.0408

***, ** und * entspricht einer Signifikanz auf dem 1%-, 5%- und 10%-Niveau.

Abb. 8/15:   Prozentualer Anteil der Bestandteile des Other Comprehensive
              Income

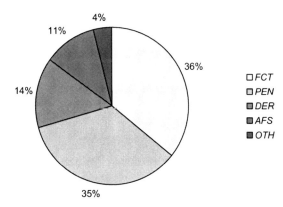

Werden die Bestandteile des Other Comprehensive Income über die Jahre betrachtet, wird ersichtlich, dass sämtliche Bestandteile im Jahr 2005 negativ sind, wobei
die Differenzen aus der Fremdwährungsumrechnung (*FCT*) mit - 0.55% des
Marktwerts des Eigenkapitals die grösste Position darstellen. Die Other Comprehensive Income aufgrund von Pensionsverpflichtungen (*PEN*) haben im betrachteten Zeitraum stark zugenommen. Die Erhöhung ist aufgrund der Änderungen in
den Regelungen zu den Pensionsverpflichtungen entstanden (vgl. Abb. 8/16).

Abb. 8/16:   Bestandteile des Other Comprehensive Income in Prozent des
              Marktwerts des Eigenkapitals je Jahr

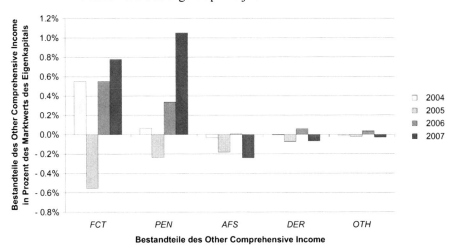

8.3   Ergebnisse der Untersuchung

Nachfolgend werden die Ergebnisse der Untersuchung aufgezeigt. Um die Hypothesen zu untersuchen, wird das in Kapitel 7 erarbeitete Modell geschätzt. Bei den
Auswertungen wird der Schwerpunkt auf die Hypothese 1 gelegt, auf welcher der
Fokus dieser Arbeit liegt. Dabei ist der Koeffizient von D relevant. Dieser zeigt,
ob Unternehmen das Other Comprehensive Income in der Ergebnisberichterstattung oder im Eigenkapitalnachweis offen legen. Gegliedert wird die Auswertung
entsprechend den aufgestellten Hypothesen.

8.3.1 Wahrnehmung des Other Comprehensive Income

Die Auswertung der Daten mit dem erarbeiteten Treatment Effects-Modell zeigt,
dass die unabhängigen Variablen einen signifikanten Einfluss auf die abhängige
Variable (VOL) ausüben. Der Wald χ^2 beträgt 5'255.2 und ist hochsignifikant auf
dem 1%-Signifikanzniveau (vgl. Abb. 8/17).[301]

Aus der Untersuchung wird ersichtlich, dass die Offenlegung des Other Comprehensive Income (D) einen signifikanten Einfluss auf die Volatilität des Aktienkurses aufweist. Eine Offenlegung des Other Comprehensive Income in der Ergebnisberichterstattung erhöht signifikant auf dem 5%-Signifikanzniveau die Aktienkursvolatilität. Unternehmen, die das Other Comprehensive Income in der Ergebnisberichterstattung zeigen, weisen eine um 40.6% höhere Aktienkursvolatilität
auf als Unternehmen, die es im Eigenkapitalnachweis offen legen (vgl. Abb.
8/17).[302] Dadurch kann die Hypothese 1 angenommen werden.

Sämtliche übrigen Koeffizienten weisen das erwartete Vorzeichen auf. Bis auf das
Other Comprehensive Income (OCI) sind alle Variablen signifikant. Dass das
Other Comprehensive Income nicht signifikant ist, unterstützt die Hypothese, dass
die Investoren das Other Comprehensive Income beziehungsweise Teile davon
weniger häufig wahrnehmen, wenn diese im Eigenkapitalnachweis offen gelegt
werden. Somit wirkt sich hauptsächlich eine Offenlegung des Other Comprehensive Income in der Ergebnisberichterstattung auf die Aktienkursvolatilität aus. Der
Effekt aus beiden Gruppen ist nicht signifikant. Das Vorzeichen ist allerdings wie
erwartet negativ.

---

[301] Mit dem Wald χ^2-Test wird geprüft, ob die unabhängigen Variablen einen statistisch signifikanten Einfluss auf die abhängige Variable aufweisen. Dazu wird untersucht, ob alle Koeffizienten gleich Null sind, unter der Annahme einer χ^2-Verteilung. Vgl. Greene (2008),
S. 500-502.
Ein R^2 wird beim Treatment Effects-Modell nicht berichtet, da es keine Aussagekraft aufweist. Bei einer linearen Regression weist das Modell ein R^2 von 74.93% auf.

[302] 40.6% berechnet sich aus $100 \cdot [\exp(0.341) - 1]$. Vgl. Wooldridge (2009), S. 233.

Abb. 8/17:   Resultate des Treatment Effects-Modells[303]

Variable	Koeffizient	Bootstrap Standardfehler[304]	Z-Wert	Signifikanz
1. Schritt: Treatment-Modell				
Konstante	- 0.533***	0.079	- 6.77	0.000
DVOL (-)	- 0.320***	0.104	- 3.07	0.002
DOCI (-)	- 0.286***	0.096	- 2.99	0.003
2. Schritt: Outcome-Modell				
Konstante	- 3.509***	0.269	- 13.07	0.000
D (+)	0.341**	0.145	2.36	0.018
NI (-)	- 0.162*	0.089	- 1.82	0.069
OCI (-)	- 0.135	0.235	- 0.57	0.566
TVOL (+)	1.064***	0.129	8.24	0.000
LEV (+)	0.138*	0.082	1.68	0.093
SIZE (-)	- 0.028***	0.011	- 2.61	0.009
AGE (-)	- 0.045***	0.011	- 4.01	0.000
MB (+)	0.002**	0.001	2.55	0.011
IMR (?)	- 0.204**	0.082	- 2.49	0.013
Wald χ^2	5'255.2***			
Signifikanz Wald χ^2	0.000			
Beobachtungen	988			

***, ** und * entspricht einer Signifikanz auf dem 1%-, 5%- und 10%-Niveau.
Jahresindikatoren und Branchenindikatoren sind eingeschlossen.

Die Inverse Mills Ratio (*IMR*) ist signifikant auf dem 5%-Niveau. Somit ist, wie bereits vermutet, eine Selbstselektion vorhanden und es ist notwendig, dass sie korrigiert wird. Die Inverse Mills Ratio weist ein negatives Vorzeichen auf. Dies bedeutet, dass die Eigenschaften, die dazu führen, dass die Unternehmen das Other Comprehensive Income in der Ergebnisberichterstattung zeigen, negativ mit der Aktienkursvolatilität korrelieren.[305] Unternehmen mit einer transparenteren Berichterstattung weisen somit eine kleinere Aktienkursvolatilität auf. Der Ein-

---

[303] Bei der empirischen Erhebung sind jeweils Indikatorvariablen für die Jahre sowie für die Branchen eingeschlossen. Aus Übersichtlichkeitsgründen werden diese jedoch nicht berichtet. In den Klammern ist jeweils das erwartete Vorzeichen aufgeführt. Der Einfluss der Inversen Mills Ratio (*IMR*) auf die Aktienkursvolatilität kann nicht vorhergesagt werden.

[304] Beim Bootstrap-Verfahren werden mehrere Stichproben aus der untersuchten Stichprobe mit Zurücklegen gezogen. Vorteil des Verfahrens liegt darin, dass weniger Voraussetzungen erfüllt sein müssen als beim herkömmlichen Verfahren. Beispielsweise muss keine Entscheidung zur Verteilung der Grundgesamtheit getroffen werden. Vgl. Kohler/Kreuter (2008), S. 239-241 und Shikano (2005), S. 1-8.
Bei einer herkömmlichen Schätzung kann die Hypothese ebenfalls auf dem 5%-Signifikanzniveau angenommen werden. Die Koeffizienten weisen das erwartete Vorzeichen auf und es sind dieselben Koeffizienten signifikant.

[305] Vgl. De Launois (2009), S. 106.

fluss der Offenlegung des Other Comprehensive Income in der Ergebnisberichterstattung auf die Aktienkursvolatilität wird somit eher unterschätzt.[306]

Wird das Modell mit den einzelnen Komponenten des Other Comprehensive
Income (*FCT*, *PEN*, *AFS*, *DER*, *OTH*) anstelle dem Total des Other Comprehensive Income (*OCI*) geschätzt, wird ersichtlich, dass auch die einzelnen Bestandteile
des Other Comprehensive Income keinen signifikanten Einfluss auf die Aktienkursvolatilität aufweisen. Die Investoren nehmen somit auch die einzelnen Komponenten des Other Comprehensive Income weniger häufig wahr, wenn diese im
Eigenkapitalnachweis offen gelegt sind. Somit wirkt sich hauptsächlich eine
Offenlegung der einzelnen Komponenten des Other Comprehensive Income in der
Ergebnisberichterstattung auf die Aktienkursvolatilität aus. Dadurch ist der Effekt
als Ganzes nicht signifikant.

8.3.2 Vermeidungsstrategie

Aus der empirischen Untersuchung wird ersichtlich, dass Unternehmen, die beim
Entscheid zum Berichterstattungsformat ein volatileres Comprehensive Income
(*DVOL*) aufweisen, das Other Comprehensive Income signifikant auf dem 1%-
Niveau weniger häufig in der Ergebnisberichterstattung offen legen (vgl. Abb.
8/17). Bei einem volatileren Comprehensive Income ist die Wahrscheinlichkeit
einer Offenlegung des Other Comprehensive Income in der Ergebnisberichterstattung um 32.0% kleiner. Somit legen diese Unternehmen das Other Comprehensive
Income signifikant häufiger im Eigenkapitalnachweis offen. Dies hat auch bereits
die deskriptive Statistik gezeigt (vgl. Abschnitt 8.2.1). Dadurch kann die Hypothese 2 angenommen werden.

Dasselbe gilt für Unternehmen, die beim Entscheid zum Berichterstattungsformat
durchschnittlich ein negatives Other Comprehensive Income (*DOCI*) aufweisen.
Diese legen es auf dem 1%-Niveau weniger häufig in der Ergebnisberichterstattung offen (vgl. Abb. 8/17). Die Wahrscheinlichkeit, dass Unternehmen mit einem
negativen Other Comprehensive Income beim Entscheid zum Darstellungswahlrecht das Other Comprehensive Income in der Ergebnisberichterstattung zeigen,
ist um 28.6% kleiner. Diese Unternehmen legen somit das Other Comprehensive
Income signifikant häufiger im Eigenkapitalnachweis offen. Dies hat ebenfalls

---

[306] Alternativ kann das Outcome-Modell mit Two Stage Least Squares (2SLS) geschätzt
werden, indem die Parameter des Treatment-Modells als Instrumentalvariablen berücksichtigt werden. Vgl. Leuz/Verrecchia (2000), S. 102.
Bei einer Schätzung mit Two Stage Least Squares mit Instrumentalvariablen kann die
Hypothese 1 ebenfalls auf dem 5%-Signifikanzniveau angenommen werden. Eine Offenlegung des Other Comprehensive Income in der Ergebnisberichterstattung erhöht die Aktienkursvolatilität um 0.538, d.h. um 71.3%.

bereits die deskriptive Statistik gezeigt (vgl. Abschnitt 8.2.1). Dadurch kann die Hypothese 3 angenommen werden.

Die Annahme der Hypothesen 2 und 3 bedeutet, dass die Unternehmen mit beim Entscheid zum Berichterstattungsformat volatilerem Comprehensive Income beziehungsweise negativem Other Comprehensive Income vermeiden, das Other Comprehensive Income transparent in der Ergebnisberichterstattung offen zu legen. Dadurch können sie verhindern, dass das Unternehmen durch die verbesserte Transparenz als risikoreicher wahrgenommen wird, was zu volatileren Aktienkursen und zu einer schlechteren Beurteilung der Leistung des Managements führen würde.[307]

8.3.3 Grössere Volatilität des Ergebnisses

Das Comprehensive Income ist sowohl bezüglich Mittelwert (Paired T-Test) als auch bezüglich Median (Wilcoxon Signed-Rank-Test) hochsignifikant auf dem 1%-Signifikanzniveau volatiler als das Nettoeinkommen. Dadurch kann die Hypothese 4 angenommen werden (vgl. Abb. 8/18). Durchschnittlich ist das Comprehensive Income um 57.9% (Median: 18.6%) volatiler.

Abb. 8/18:   Resultate des Paired T-Tests und Wilcoxon Signed-Rank-Tests

Variable	Beobach-tungen	Mittelwert	Median	Standard-fehler	Standard-abweichung	Minimum	Maximum
VOLCI	988	0.0402	0.0191	0.0028	0.0873	0.0347	0.0457
VOLNI	988	0.0344	0.0126	0.0029	0.0926	0.0286	0.0402
Differenz	988	0.0058***	0.0065***	0.0007	0.0221	0.0044	0.0072

***, ** und * entspricht einer Signifikanz auf dem 1%-, 5%- und 10%-Niveau.

Die Auswertung der Daten ergibt, dass bei 181 Unternehmen die Volatilität des Comprehensive Income grösser ist als die Volatilität des Nettoeinkommens. Bei 66 Unternehmen ist sie hingegen kleiner. Dies bedeutet, dass die Volatilität des Ergebnisses durch das Other Comprehensive Income bei 73% der Unternehmen grösser wird. Dabei ist die Volatilität des Comprehensive Income bei 20% der Unternehmen sogar doppelt so gross wie die Volatilität des Nettoeinkommens. Lediglich bei 2% der Unternehmen ist sie halb so gross (vgl. Abb. 8/19).

---

[307] Vgl. Abschnitt 4.4, Graham/Harvey/Rajgopal (2005), S. 48-50 und Bamber et al. (2010), S. 121.

Abb. 8/19:   Volatilität des Comprehensive Income in Prozent der Volatilität des
               Nettoeinkommens

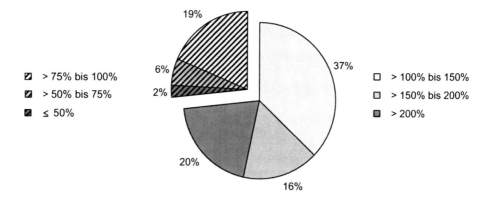

8.4   Robustheitstests

In diesem Abschnitt wird das Modell auf seine Robustheit getestet. Dabei wird es
zuerst auf Multikollinearität und Heteroskedastizität untersucht. Anschliessend
folgt eine Schätzung mit cluster-robusten Standardfehlern, eine Elimination von
Ausreissern, ein Ausschluss der Finanzbranche sowie eine Verkürzung des
Zeitraums der abhängigen Variable.

8.4.1 Multikollinearität

Besteht eine hohe Korrelation zwischen zwei oder mehreren erklärenden Variablen, so genannte Multikollinearität, sind die geschätzten Regressionskoeffizienten
nicht mehr zuverlässig.[308]

Um die Daten auf Multikollinearität zu prüfen, ist in einem ersten Schritt die
Korrelationsmatrix nach Pearson zu ermitteln. Sie zeigt die linearen Korrelationen
zwischen den erklärenden Variablen. Problematisch ist ein Korrelationskoeffizient
von über 0.8.[309] Bei den untersuchten Daten sind die Korrelationen relativ gering,
so dass vermutet werden kann, dass keine Multikollinearität vorliegt (vgl. Abb.
8/20).

---

[308] Vgl. Wooldridge (2009), S. 96-97.
[309] Vgl. Hill/Griffiths/Judge (2001), S. 190 und Kennedy (2008), S. 196.

Abb. 8/20: Korrelationsmatrix nach Pearson

	D	NI	OCI	TVOL	LEV	SIZE	AGE	MB	DVOL	DOCI
D	1.000									
NI	0.010	1.000								
OCI	-0.036	-0.261***	1.000							
TVOL	-0.018	-0.243***	0.087***	1.000						
LEV	-0.008	-0.150***	0.029	-0.102***	1.000					
SIZE	-0.027	0.100***	-0.001	-0.311***	-0.123***	1.000				
AGE	0.061*	0.011	0.086***	-0.195***	-0.028	0.208***	1.000			
MB	-0.040	0.011	-0.020	0.001	0.041	0.020	-0.037	1.000		
DVOL	-0.121***	-0.013	0.001	-0.017	-0.010	-0.033	-0.003	-0.010	1.000	
DOCI	-0.110***	-0.034	0.122***	-0.092***	0.005	0.004	0.134***	0.061*	0.118***	1.000

***, ** und * entspricht einer Signifikanz auf dem 1%-, 5%- und 10%-Niveau.

Korrelationen können jedoch nicht nur zwischen zwei, sondern auch zwischen mehreren erklärenden Variablen vorliegen. Mit der Korrelationsmatrix nach Pearson werden diese unter Umständen nicht erkannt. Daher ist in einem zweiten Schritt eine Kollinearitätsdiagnose durchzuführen. Dazu werden die Variance Inflation Factors (VIF) für die Variablen bestimmt. Diese zeigen den Varianzanteil jeder einzelnen Variable, der durch die anderen unabhängigen Variablen nicht erklärt wird. Beträgt der grösste VIF mehr als 10.0, besteht Multikollinearität.[310] Bei den untersuchten Daten liegt der grösste VIF bei 3.2. Daraus kann geschlossen werden, dass Multikollinearität kein Problem darstellt.

8.4.2 Heteroskedastizität

Liegt Heteroskedastizität vor, ist die Streuung der Fehlerterme nicht konstant. Die Schätzer sind erwartungstreu und konsistent, die Standardfehler sind jedoch verzerrt. Dadurch sind die Konfidenzintervalle und die Hypothesentests ungültig. Ob Heteroskedastizität vorliegt, kann mit dem White-Test[311] überprüft werden.[312] Der White-Test ergibt für die untersuchten Daten, dass mit grosser Wahrscheinlichkeit Homoskedastizität vorliegt. Somit ist Heteroskedastizität unproblematisch.

---

[310] Vgl. Kennedy (2008), S. 196-199 und Baum (2006), S. 85.
[311] Der White-Test überprüft, ob die unabhängigen Variablen des Modells sowie deren Quadrate und Kreuzprodukte mit den quadrierten Residuen korreliert sind. Er benötigt keine Annahmen zur Art der Heteroskedastizität. Zudem ist er weniger stark von der Annahme der Normalverteilung abhängig als der Breusch-Pagan-Test, der die Quadrate und Kreuzprodukte der unabhängigen Variablen nicht berücksichtigt. Vgl. Wooldridge (2009), S. 273-275.
[312] Vgl. Verbeek (2008), S. 99.

8.4.3 Cluster-robuste Standardfehler

Bei der untersuchten Stichprobe handelt es sich um Paneldaten, d.h. von jedem untersuchten Unternehmen sind mehrere Beobachtungen aus verschiedenen Zeitpunkten vorhanden.[313] Die Beobachtungen desselben Unternehmens können aufgrund gemeinsamer, unbeobachteter Merkmale, wie z.B. Standortvorteile, miteinander korreliert sein. Eine Korrelation würde die Standardfehler verzerren, die Schätzer hingegen blieben erwartungstreu und konsistent.[314] Um eine mögliche Korrelation der Fehlerterme innerhalb der einzelnen Unternehmen zu berücksichtigen, werden die Standardfehler korrigiert. Dazu werden autokorrelations-konsistente Standardfehler, auch cluster-robuste Standardfehler genannt, verwendet.[315]

Wird das Modell mit cluster-robusten Standardfehlern geschätzt, kann die Hypothese 1 ebenfalls angenommen werden. Eine Offenlegung des Other Comprehensive Income in der Ergebnisberichterstattung erhöht die Aktienkursvolatilität signifikant auf dem 10%-Niveau. Unternehmen, die das Other Comprehensive Income in der Ergebnisberichterstattung zeigen, weisen eine um 40.6% höhere Aktienkursvolatilität auf als Unternehmen, die es im Eigenkapitalnachweis offen legen. Die übrigen unabhängigen Variablen, mit Ausnahme des Other Comprehensive Income, sind ebenfalls signifikant und deren Koeffizienten weisen die erwarteten Vorzeichen auf. Die Inverse Mills Ratio ist auf dem 10%-Niveau signifikant. Somit ist auch bei einer Schätzung mit cluster-robusten Standardfehlern eine Selbstselektion vorhanden, die zu korrigieren ist. Der Wald χ^2 ist mit 3'714.3 hochgradig signifikant auf dem 1%-Niveau (vgl. Abb. 8/21).

---

[313] Bei Paneldaten wird oft eine Fixed Effects-Schätzung vorgenommen. Zeitkonstante Variablen, wie die interessierende Variable D, fallen jedoch aus dem Modell heraus und können mit einer Fixed Effects-Schätzung nicht untersucht werden. Vgl. Wooldridge (2009), S. 444 und 481-489.

[314] Vgl. Drukker (2003), S. 168.

[315] Vgl. Wooldridge (2009), S. 495-496 und Wooldridge (2002), S. 329.

Abb. 8/21:   Resultate bei Verwendung von cluster-robusten Standardfehlern[316]

Variable	Koeffizient	Bootstrap Standardfehler	Z-Wert	Signifikanz
1. Schritt: Treatment-Modell				
Konstante	- 0.533***	0.126	- 4.22	0.000
DVOL (-)	- 0.320*	0.182	- 1.75	0.080
DOCI (-)	- 0.286*	0.163	- 1.75	0.080
2. Schritt: Outcome-Modell				
Konstante	- 3.509***	0.275	- 12.74	0.000
D (+)	0.341*	0.190	1.79	0.073
NI (-)	- 0.162*	0.096	- 1.70	0.090
OCI (-)	- 0.135	0.221	- 0.61	0.541
TVOL (+)	1.064***	0.159	6.68	0.000
LEV (+)	0.138*	0.078	1.77	0.077
SIZE (-)	- 0.028**	0.011	- 2.51	0.012
AGE (-)	- 0.045**	0.020	- 2.22	0.027
MB (+)	0.002**	0.001	2.24	0.025
IMR (?)	- 0.204*	0.110	- 1.85	0.064
Wald χ^2	3'714.3***			
Signifikanz Wald χ^2	0.000			
Beobachtungen	988			

***, ** und * entspricht einer Signifikanz auf dem 1%-, 5%- und 10%-Niveau.
Jahresindikatoren und Branchenindikatoren sind eingeschlossen.

8.4.4 Ausschluss von Ausreissern

Ausreisser können das Resultat verzerren. Daher wird als weiterer Robustheitstest das unterste und oberste Perzentil[317] der Daten für jedes Jahr entfernt (total 16 Beobachtungen) und das Modell von neuem geschätzt. Dabei kann die Hypothese 1 ebenfalls auf dem 5%-Signifikanzniveau angenommen werden. Eine Offenlegung des Other Comprehensive Income in der Ergebnisberichterstattung erhöht die Aktienkursvolatilität um 31.4%. Die übrigen unabhängigen Variablen sind, mit Ausnahme des Other Comprehensive Income, ebenfalls signifikant und deren Koeffizienten weisen die erwarteten Vorzeichen auf. Die Inverse Mills Ratio ist auf dem 1%-Niveau signifikant. Der Wald χ^2 ist mit 3'119.1 hochgradig signifikant auf dem 1%-Niveau (vgl. Abb. 8/22).

---

[316] Dabei werden im Datensample für die 247 Unternehmen je eine Gruppe à vier Beobachtungen gebildet, total 247 Gruppen.

[317] Ein Perzentil ist ein 1%-Segment der Verteilung.

Abb. 8/22:   Resultate bei Ausschluss von Ausreissern

Variable	Koeffizient	Bootstrap Standardfehler	Z-Wert	Signifikanz
1. Schritt: Treatment-Modell				
Konstante	- 0.524***	0.074	- 7.09	0.000
DVOL (-)	- 0.314***	0.090	- 3.51	0.000
DOCI (-)	- 0.294***	0.102	- 2.90	0.004
2. Schritt: Outcome-Modell				
Konstante	- 3.581***	0.252	- 14.24	0.000
D (+)	0.273**	0.114	2.40	0.016
NI (-)	- 0.153**	0.064	- 2.37	0.018
OCI (-)	- 0.030	0.253	- 0.12	0.907
TVOL (+)	0.986***	0.125	7.89	0.000
LEV (+)	0.126*	0.071	1.77	0.078
SIZE (-)	- 0.025**	0.010	- 2.37	0.018
AGE (-)	- 0.037***	0.014	- 2.72	0.007
MB (+)	0.002***	0.001	2.77	0.006
IMR (?)	- 0.170***	0.063	- 2.69	0.007
Wald χ^2	3'119.1***			
Signifikanz Wald χ^2	0.000			
Beobachtungen	972			

***, ** und * entspricht einer Signifikanz auf dem 1%-, 5%- und 10%-Niveau.
Jahresindikatoren und Branchenindikatoren sind eingeschlossen.

8.4.5 Ausschluss der Finanzbranche

Da die Finanzbranche nicht aus der Stichprobe ausgeschlossen wurde, könnte dies
die Auswertungen verzerren. Denn die Unternehmen der Finanzbranche weisen
ein nur schwierig mit den übrigen Branchen vergleichbares Marktwert-Buchwert-
Verhältnis auf und der Leverage ist nicht vergleichbar.[318] Daher wird als weiterer
Robustheitstest die Finanzbranche (IND_6) aus der Stichprobe ausgeschlossen und
das Modell von neuem geschätzt. Unter Ausschluss der Finanzbranche kann die
Hypothese 1 sogar auf dem 1%-Signifikanzniveau angenommen werden. Eine
Offenlegung des Other Comprehensive Income in der Ergebnisberichterstattung
erhöht die Aktienkursvolatilität um 43.8%. Die Inverse Mills Ratio ist ebenfalls
auf dem 1%-Niveau signifikant. Die übrigen Variablen sind, mit Ausnahme des
Other Comprehensive Income und des Leverage, signifikant. Zudem weisen bis
auf den Koeffizienten des Other Comprehensive Income sämtliche Koeffizienten
das erwartete Vorzeichen auf (vgl. Abb. 8/23).

---

[318] Vgl. Lui/Markov/Tamayo (2007), S. 652.

Abb. 8/23: Resultate bei Ausschluss der Finanzbranche

Variable	Koeffizient	Bootstrap Standardfehler	Z-Wert	Signifikanz
1. Schritt: Treatment-Modell				
Konstante	- 0.498***	0.104	- 4.80	0.000
DVOL (-)	- 0.264**	0.110	- 2.40	0.016
DOCI (-)	- 0.370***	0.097	- 3.80	0.000
2. Schritt: Outcome-Modell				
Konstante	- 3.528***	0.227	- 15.57	0.000
D (+)	0.363***	0.138	2.62	0.009
NI (-)	- 0.175**	0.084	- 2.08	0.037
OCI (-)	0.110	0.342	0.32	0.748
TVOL (+)	1.033***	0.101	10.22	0.000
LEV (+)	0.064	0.081	0.78	0.434
SIZE (-)	- 0.025***	0.009	- 2.69	0.007
AGE (-)	- 0.043***	0.014	- 3.03	0.002
MB (+)	0.001*	0.001	1.86	0.062
IMR (?)	- 0.213***	0.079	- 2.70	0.007
Wald χ^2	4'214.3***			
Signifikanz Wald χ^2	0.000			
Beobachtungen	812			

***, ** und * entspricht einer Signifikanz auf dem 1%-, 5%- und 10%-Niveau.
Jahresindikatoren und Branchenindikatoren sind eingeschlossen.

8.4.6 Verkürzter Zeitraum

Schliesslich könnte der Zeitraum für die Berechnung der Volatilität des Aktien-kurses zu gross gewählt worden sein. Daher wird als zusätzlicher Robustheitstest der Zeitraum der abhängigen Variable von einem Jahr auf drei Monate verkürzt. Dadurch kann der kurzfristige Effekt des Berichterstattungsformats bezüglich Other Comprehensive Income auf die Aktienkursvolatilität überprüft werden. Bei einer Schätzung des Modells mit verkürztem Zeitraum erhöht eine Offenlegung des Other Comprehensive Income in der Ergebnisberichterstattung die Volatilität des Aktienkurses signifikant um 35.4%. Die Hypothese 1 kann ebenfalls auf dem 5%-Niveau angenommen werden. Die Inverse Mills Ratio ist auf dem 5%-Niveau signifikant. Die übrigen Variablen sind ebenfalls signifikant und deren Koeffizien-ten weisen das erwartete Vorzeichen auf. Zusätzlich ist das Other Comprehensive Income auf dem 5%-Niveau signifikant und hat wie erwartet einen negativen Einfluss auf die Aktienkursvolatilität. Somit weist das Other Comprehensive Income bei Betrachtung eines kürzeren Zeithorizonts einen Einfluss auf die Aktienkursvolatilität auf. Das Marktwert-Buchwert-Verhältnis ist hingegen nicht signifikant (vgl. Abb. 8/24).

Abb. 8/24:   Resultate bei verkürztem Zeitraum

Variable	Koeffizient	Bootstrap Standardfehler	Z-Wert	Signifikanz
1. Schritt: Treatment-Modell				
Konstante	- 0.533***	0.077	- 6.89	0.000
DVOL (-)	- 0.320***	0.092	- 3.48	0.001
DOCI (-)	- 0.286***	0.091	- 3.16	0.002
2. Schritt: Outcome-Modell				
Konstante	- 3.768***	0.245	- 15.39	0.000
D (+)	0.303**	0.146	2.08	0.038
NI (-)	- 0.205*	0.104	- 1.96	0.050
OCI (-)	- 0.582**	0.252	- 2.31	0.021
TVOL (+)	1.353***	0.106	12.74	0.000
LEV (+)	0.145***	0.051	2.83	0.005
SIZE (-)	- 0.019*	0.010	- 1.94	0.053
AGE (-)	- 0.042***	0.015	- 2.76	0.006
MB (+)	0.001	0.001	1.30	0.194
IMR (?)	- 0.201**	0.083	- 2.41	0.016
Wald χ^2	2'605.7***			
Signifikanz Wald χ^2	0.000			
Beobachtungen	988			

***, ** und * entspricht einer Signifikanz auf dem 1%-, 5%- und 10%-Niveau.
Jahresindikatoren und Branchenindikatoren sind eingeschlossen.

8.5   Fazit

Die empirische Auswertung zeigt, dass die Unternehmen bei einer Offenlegung des Other Comprehensive Income in der Ergebnisberichterstattung eine signifikant grössere Aktienkursvolatilität aufweisen als bei einer Berichterstattung im Eigenkapitalnachweis. Es ist somit relevant, an welchem Ort das Other Comprehensive Income offen gelegt wird. Dadurch kann die Hypothese 1 angenommen werden. Investoren nehmen das Other Comprehensive Income beziehungsweise Teile davon signifikant häufiger wahr, wenn diese in der Ergebnisberichterstattung gezeigt werden. Verschiedene Robustheitstests, wie z. B. die Schätzung mit cluster-robusten Standardfehlern oder der Ausschluss von Ausreissern, weisen darauf hin, dass die Resultate verlässlich sind.

Zusätzlich wird ersichtlich, dass bestimmte Faktoren einen signifikanten Einfluss auf die Wahl des Berichterstattungsformats bezüglich Other Comprehensive Income haben. Unternehmen, die beim Entscheid zum Berichterstattungsformat ein volatileres Comprehensive Income beziehungsweise ein negatives Other Comprehensive Income aufweisen, legen das Other Comprehensive Income signifikant häufiger im Eigenkapitalnachweis offen. Sie vermeiden, das Other Comprehensive Income transparent in der Ergebnisberichterstattung darzustellen. Somit können die Hypothesen 2 und 3 angenommen werden. Diese Resultate sind ebenfalls robust.

Schliesslich zeigt ein Test bezüglich Mittelwert sowie bezüglich Median, dass das Comprehensive Income hochsignifikant volatiler ist als das Nettoeinkommen. Dadurch kann die Hypothese 4 angenommen werden. Bei 73% der Unternehmen ist das Comprehensive Income volatiler als das Nettoeinkommen. Bei 20% der Unternehmen ist die Volatilität des Comprehensive Income sogar doppelt so gross wie die Volatilität des Nettoeinkommens.

Für das FASB und das IASB sind die Erkenntnisse der empirischen Untersuchung von Relevanz. Sie sind der Ansicht, dass alle Ergebniskomponenten einen Einfluss auf den Unternehmenswert ausüben, auch ausserordentliche und einmalige Erträge beziehungsweise Aufwendungen.[319] Interpretieren die Investoren das Other Comprehensive Income beziehungsweise Teile davon unterschiedlich, wenn diese weniger transparent gezeigt werden, ist es relevant, wo sie berichtet werden. Dies bestätigt den Entscheid des FASB und des IASB, die Wahlrechte zum Other Comprehensive Income zu eliminieren und die Offenlegung der unrealisierten Gewinne und Verluste zwingend in der Ergebnisberichterstattung zu fordern. Zudem kann es dem FASB und dem IASB als Argumentation bei der Veröffentlichung eines überarbeiteten Standards zum Projekt «Statement of Comprehensive Income» sowie bei weiteren Projekten dienen, welche das Ziel aufweisen, die Transparenz des Abschlusses zu erhöhen.

---

[319] Vgl. SFAS 133.C229 und Cahan et al. (2000), S. 1285.

9. Kapitel: Schlussbetrachtung

Nachfolgend werden die wichtigsten Erkenntnisse zusammengefasst. Anschliessend folgen eine kritische Würdigung und ein Ausblick.

9.1 Zusammenfassung der wichtigsten Erkenntnisse

Seit dem Geschäftsjahr 2009 haben Unternehmen, die IFRS anwenden, das Other Comprehensive Income in der Ergebnisberichterstattung zu zeigen. Eine Offenlegung im Eigenkapitalnachweis ist nicht mehr erlaubt.[320] Unter US GAAP besteht zurzeit noch ein Wahlrecht, das Other Comprehensive Income in der Ergebnisberichterstattung oder im Eigenkapitalnachweis darzustellen. Mit dem gemeinsamen Projekt «Statement of Comprehensive Income» des FASB und des IASB wird dieses Wahlrecht jedoch eliminiert. Denn die Standardsetzer sind der Ansicht, es sei notwendig, das Other Comprehensive Income transparent in der Ergebnisberichterstattung zu zeigen, da alle Erfolgspositionen Einfluss auf den Unternehmenswert ausüben, auch ausserordentliche und einmalige Erträge beziehungsweise Aufwendungen. Dadurch wird sichergestellt, dass die Investoren die Informationen in ihre Beurteilung und Entscheidungsfindung einbeziehen.[321]

Von den Unternehmen, die US GAAP anwenden wird mehrheitlich eine Berichterstattung des Other Comprehensive Income im Eigenkapitalnachweis gewählt, trotz der Empfehlung des FASB, diese in der Ergebnisberichterstattung zu zeigen.[322] Denn das Management befürchtet, dass das Unternehmen bei einer transparenteren Berichterstattung des Other Comprehensive Income von den Investoren als risikoreicher wahrgenommen wird, was eine grössere Volatilität des Aktienkurses und höhere Finanzierungskosten zur Folge hat.[323] Somit ist es sowohl für die Standardsetzer als auch für die Unternehmen relevant, wo das Other Comprehensive Income offen gelegt wird.

In der vorliegenden Arbeit wurde untersucht, ob die Befürchtung der Managerinnen und Manager legitim ist und eine transparentere Berichterstattung der unrealisierten Gewinne und Verluste die Aktienkursvolatilität tatsächlich erhöht. Dazu wurde anhand der Unternehmen des S&P 500 für die Jahre 2005 bis 2008 geprüft, ob bei einer Offenlegung des Other Comprehensive Income in der Ergebnisberichterstattung die Aktienkursvolatilität grösser ist als bei einer Berichterstattung im Eigenkapitalnachweis. Dieser Zusammenhang wurde bislang noch nicht empirisch untersucht.

---

[320] Vgl. Goncharov/Hodgson (2008), S. 6 und IAS 1.81-82.
[321] Vgl. Cahan et al. (2000), S. 1285 und SFAS 133.C229.
[322] Vgl. Bamber et al. (2010), S. 106.
[323] Vgl. Graham/Harvey/Rajgopal (2005), S. 49.

Die Auswertung hat ergeben, dass die Offenlegung des Other Comprehensive Income in der Ergebnisberichterstattung die Aktienkursvolatilität signifikant erhöht. Es ist somit relevant, an welchem Ort das Other Comprehensive Income offen gelegt wird. Wird es transparent in der Ergebnisberichterstattung gezeigt, weisen die Unternehmen eine um durchschnittlich 40.6% höhere Aktienkursvolatilität auf als bei einer Berichterstattung im Eigenkapitalnachweis. Investoren nehmen das Other Comprehensive Income beziehungsweise Teile davon signifikant häufiger wahr, wenn diese in der Ergebnisberichterstattung gezeigt werden. Eine Offenlegung im Eigenkapitalnachweis ist weniger transparent. Denn dieses Berichterstattungsformat signalisiert neben der hohen Informationsdichte keine Relevanz der Komponenten des Other Comprehensive Income für die Beurteilung der Performance des Unternehmens. Verschiedene Robustheitstests, wie z.B. die Schätzung mit cluster-robusten Standardfehlern oder der Ausschluss von Ausreissern, weisen darauf hin, dass die Resultate verlässlich sind.

Zusätzlich wird ersichtlich, dass bestimmte Faktoren einen signifikanten Einfluss auf die Wahl des Berichterstattungsformats bezüglich der unrealisierten Gewinne und Verluste haben. Unternehmen, die beim Entscheid zum Berichterstattungsformat ein volatileres Comprehensive Income im Vergleich zum Nettoeinkommen beziehungsweise ein negatives Other Comprehensive Income aufweisen, legen das Other Comprehensive Income häufiger im Eigenkapitalnachweis offen. Bei einem volatileren Comprehensive Income ist die Wahrscheinlichkeit einer Offenlegung der unrealisierten Gewinne und Verluste in der Ergebnisberichterstattung um 32.0% kleiner, bei einem negativen Other Comprehensive Income um 28.6%. Die Unternehmen vermeiden somit eine transparente Offenlegung in der Ergebnisberichterstattung. Dadurch können sie verhindern, dass das Unternehmen durch die verbesserte Transparenz als risikoreicher wahrgenommen wird, was zu volatileren Aktienkursen und zu einer schlechteren Beurteilung der Leistung des Managements führen würde.[324]

Schliesslich zeigt sich, dass das Comprehensive Income bezüglich Mittelwert sowie bezüglich Median hochsignifikant volatiler ist als das Nettoeinkommen, durchschnittlich um 57.9%. Bei 73% der Unternehmen ist das Comprehensive Income volatiler als das Nettoeinkommen. Bei 20% der Unternehmen ist die Volatilität des Comprehensive Income sogar doppelt so gross wie diejenige des Nettoeinkommens.

---

[324] Vgl. Graham/Harvey/Rajgopal (2005), S. 48-50 und Bamber et al. (2010), S. 121.

9.2 Kritische Würdigung

Die Untersuchung wurde in Übereinstimmung mit der internationalen Literatur und unter Berücksichtigung statistischer Aspekte durchgeführt. Trotzdem können folgende Einschränkungen bestehen:

- Grösse des Datensamples
  Von den insgesamt 988 Beobachtungen wurde bei 192 Beobachtungen das Other Comprehensive Income in der Ergebnisberichterstattung offen gelegt. Es kann sein, dass diese Anzahl zu gering ist und ein grösseres Datensample beispielsweise bezüglich der Komponenten des Other Comprehensive Income signifikante Resultate ergeben würde. Statistisch betrachtet resultieren daraus jedoch keine Einschränkungen.[325]

- Einflussfaktoren
  Die Wahl der Einflussfaktoren erfolgte aufgrund der Analyse internationaler Literatur sowie eigener Überlegungen. Dabei wurden die relevanten Grössen berücksichtigt. Trotzdem kann es sein, dass zusätzliche Faktoren bestehen, die ebenfalls Einfluss auf die abhängige Variable aufweisen und deren Einbezug die Resultate verändern würde.

- Datenqualität
  Die Variablen wurden teilweise manuell anhand der Geschäftsberichte, teilweise auf der Basis von Datenbanken erhoben. Als Datenquellen dienten dabei Compustat beziehungsweise CRSP. Es ist möglich, dass die mittels Datenbanken ermittelten Daten nicht den richtigen Werten entsprechen. Bei durchgeführten Stichproben waren die Daten jedoch korrekt.

- Korrektur der Selbstselektion
  Es kann sein, dass die Selbstselektion mit den gewählten Variablen nicht vollständig korrigiert wurde. Dies würde bedeuten, dass die Ergebnisse asymptotisch nicht richtig wären.[326] Der Likelihood Ratio-Test[327] zeigte jedoch, dass das Treatment-Modell signifikanten Erklärungsgehalt aufweist. Der Likelihood Ratio ist hochsignifikant auf dem 1%-Niveau. Somit sollten die wesentlichen Einflussfaktoren berücksichtigt worden sein.[328]

Insgesamt kann davon ausgegangen werden, dass die Resultate der vorliegenden Untersuchung korrekt sind. Sie bestätigen den Entscheid des FASB und des IASB,

---

[325] Vgl. Chambers et al. (2007), S. 589.

[326] Leuz (2003a), S. 357.

[327] Beim Likelihood Ratio-Test werden die Schätzergebnisse auf Basis des restringierten Modells mit denjenigen des gesamten Modells verglichen und untersucht, ob die Differenz ungleich Null ist. Dies unter der Annahme einer χ^2-Verteilung. Vgl. Verbeek (2008), S. 182.

[328] Leuz/Verrecchia (2000), S. 106.

die Wahlrechte zu den unrealisierten Gewinnen und Verlusten zu eliminieren und die Offenlegung des Other Comprehensive Income zwingend in der Ergebnisberichterstattung zu fordern. Eine transparente Berichterstattung der unrealisierten Gewinne und Verluste erhöht die Aussagekraft des Abschlusses. Denn die Bestandteile des Other Comprehensive Income werden von den Investoren vermehrt wahrgenommen. Zudem bestehen weniger Möglichkeiten der Ergebnisgestaltung, da sämtliche Erfolgspositionen in das Comprehensive Income einfliessen. Dadurch wird die Unternehmensperformance einheitlicher und willkürfreier dargestellt.

Zu beachten ist allerdings auch, dass eine grössere Transparenz des Other Comprehensive Income zu einem stärker schwankenden Aktienkurs führt. Dadurch steigen die Finanzierungskosten und das Risiko, dass die zukünftige Performance der Unternehmen sowie die Leistungen des Managements schlechter beurteilt werden.[329] Die Resultate der empirischen Untersuchung liefern ausserdem Indizien dafür, dass die Investoren die Bedeutung des Other Comprehensive Income noch zuwenig kennen. Zudem ist es möglich, dass die Unternehmen ihre internen Richtlinien ändern, um die Volatilität des Comprehensive Income zu reduzieren.[330] Ob durch die erhöhte Transparenz des Other Comprehensive Income die zukünftige Performance der Unternehmen tatsächlich besser beurteilt werden kann, ist somit nicht abschliessend bestimmbar.

9.3   Ausblick

Unternehmen, die IFRS anwenden, haben für das Geschäftsjahr 2009 erstmalig das Other Comprehensive Income in der Ergebnisberichterstattung offen gelegt. Dabei zeigten es 14.2% der an der SIX Swiss Exchange kotierten IFRS-Anwender in einem One-Statement Approach, 85.8% in einem Two-Statement Approach. Die Unternehmen wählten somit auch unter IFRS häufiger eine separate Berichterstattung der Bestandteile des Other Comprehensive Income (Two-Statement Approach). Dies obwohl bereits heute bekannt ist, dass das FASB und das IASB eine Berichterstattung dieser Bestandteile in einem einzigen Abschlussbestandteil anstreben (One-Statement Approach). Denn im Rahmen der zweiten Phase des Projekts «Financial Statement Presentation» wurde vom FASB und vom IASB ein Entwurf publiziert, der sämtliche Wahlrechte eliminiert und eine zwingende Berichterstattung des Comprehensive Income sowie der Komponenten des Other Comprehensive Income in der Ergebnisberichterstattung in einem One-Statement Approach fordert. Die Stellungnahmen zu diesem Entwurf haben gezeigt, dass die Unternehmen der Ansicht sind, die Investoren wären verunsichert bei einer

---

[329] Vgl. Pfaff/Kukule (2006), S. 545.
[330] Vgl. Yen/Hirst/Hopkins (2007), S. 69-70.

Berichterstattung des Other Comprehensive Income im selben Abschlussbestandteil wie das Nettoeinkommen. Die Investoren hingegen unterstützen eine Offenlegung in einem einzigen Abschlussbestandteil, da sich dadurch die Transparenz
und die Vergleichbarkeit der Abschlüsse verbessert.[331] Dies sowie die Bestrebun-
gen des FASB und des IASB, die unrealisierten Gewinne und Verluste in einem
einzigen Abschlussbestandteil zu fordern, zeigen die hohe Bedeutung dieser
Positionen. Bei den laufenden Projekten des FASB und des IASB zu den Finanzinstrumenten und den Pensionsverpflichtungen ist zudem geplant, dass zusätzliche
unrealisierte Gewinne und Verluste im Other Comprehensive Income zu zeigen
sind.[332] Dadurch werden das Other Comprehensive Income sowie die transparente
Berichterstattung dieser Position in nächster Zeit noch mehr an Bedeutung gewinnen.

---

[331] Vgl. International Accounting Standards Board (Hrsg.) (2010), S. 20.
[332] Vgl. Financial Accounting Standards Board (Hrsg.) (2010), S. 3.

Literaturverzeichnis

Ahmed, Anwer S. / Kilic, Emre / Lobo, Gerald J. (2006): «Does Recognition versus Disclosure Matter? Evidence from Value-Relevance of Banks' Recognized and Disclosed Derivative Financial Instruments», in: The Accounting Review, Vol. 81, Nr. 3, S. 567-588.

Alford, Andrew W. / Boatsman, James R. (1995): «Predicting Long-Term Stock Return Volatiliy: Implications for Accounting and Valuation of Equity Derivatives», in: The Accounting Review, Vol. 70, Nr. 4, S. 599-618.

American Accounting Associations's Financial Accounting Standards Committee (1997): «An Issues Paper on Comprehensive Income», in: Accounting Horizons, Vol. 11, Nr. 2, S. 120-126.

Baiman, Stanley / Verrecchia, Robert E. (1995): «Earnings and Price-based Compensation Contracts in the Presence of Discretionary Trading and Incomplete Contracting», in: Journal of Accounting and Economics, Vol. 20, Nr. 1, S. 93-121.

Bamber, Linda S. / Jiang, John / Petroni, Kathy R. / Wang, Isabel Y. (2010): «Comprehensive Income: Who's Afraid of Performance Reporting?», in: The Accounting Review, Vol. 85, Nr. 1, S. 97-126.

Barth, Mary E. / Beaver, William H. / Landsman, Wayne R. (2001): «The Relevance of the Value Relevance Literature for Financial Accounting Standard Setting: Another View», in: Journal of Accounting and Economics, Vol. 31, Nr. 1, S. 77-104.

Barth, Mary E. / Landsman, Wayne R. / Wahlen, James M. (1995): «Fair Value Accounting: Effects on Banks' Earnings Volatility, Regulatory Capital, and Value of Contractual Cash Flows», in: Journal of Banking & Finance, Nr. 19, S. 577-605.

Baum, Christopher F. (2006): «An Introduction to Modern Econometrics Using Stata», Brighton.

Beresford, Dennis R. / Johnson, Todd L. / Reither Cheri L. (1996): «Is a Second Income Statement Needed?», in: Journal of Accountancy, Vol. 181, Nr. 4, S. 69-72.

Bhojraj, Sanjeev / Lee, Charles M. C. / Oler, Derek K. (2003): «What's My Line? A Comparison of Industry Classification Schemes for Capital Market Research», in: Journal of Accounting Research, Vol. 41, Nr. 5, S. 745-774.

Black, Fischer (1986): «Noise», in: The Journal of Finance, Vol. XLI, Nr. 3, S. 529-543.

Bloomfield, Robert J. / Nelson, Mark W. / Smith, Steven D. (2006): «Feedback Loops, Fair Value Accounting and Correlated Investments», in: Review of Accounting Studies, Nr. 11, S. 377-416.

Boemle, Max / Gsell, Max / Jetzer, Jean-Pierre / Nyffeler, Paul / Thalmann, Christian (2002): «Geld-, Bank- und Finanzmarkt-Lexikon der Schweiz», Zürich.

Bogajewskaja, Janina (2007): «Reporting Financial Performance – Konzeption und Darstellung der Erfolgsrechnung nach Vorschriften des ASB, FASB und IASB», Wiesbaden.

Brief, Richard P. / Peasnell, Ken V. (Hrsg.) (1996): «Clean Surplus: A Link Between Accounting and Finance», New York.

Bushee, Brian J. / Noe, Christopher F. (2000): «Corporate Disclosure Practices, Institutional Investors, and Stock Return Volatility», in: Journal of Accounting Research, Vol. 38, Nr. 3 Supplement, S. 171-202.

Cahan, Steven F. / Courtenay, Stephen M. / Gronewoller, Paul L. / Upton, David R. (2000): «Value Relevance of Mandated Comprehensive Income Disclosures», in: Journal of Business Finance & Accounting, Vol. 27, Nr. 9&10, S. 1273-1301.

Callen, Jeffrey L. / Hope, Ole-Kristian / Segal, Dan (2005): «Domestic and Foreign Earnings, Stock Return Variability, and the Impact of Investor Sophistication», in: Journal of Accounting Research, Vol. 43, Nr. 3, S. 377-412.

Campbell, Linda / Crawford, Dean / Franz, Diana R. (1999): «How Companies are Complying with the Comprehensive Income Disclosure Requirements», in: The Ohio CPA Jorunal, Vol. 58, Nr. 1, S. 13-20.

Chambers, Dennis / Linsmeier, Thomas J. / Shakespeare, Catherine / Sougiannis, Theodore (2007): «An Evaluation of SFAS No. 130 Comprehensive Income Disclosures», in: Review of Accounting Studies, Nr. 12, S. 557-593.

Cheung, Yin-Wong / Ng, Lilian K. (1992): «Stock Price Dynamics and Firm Size: An Empirical Investigation», in: The Journal of Finance, Vol. 47, Nr. 5, S. 1985-1997.

Coenenberg, Adolf G. (2005): «Jahresabschluss und Jahresabschlussanalyse – Betriebswirtschaftliche, handelsrechtliche, steuerrechtliche und internationale Grundsätze – HGB, IFRS und US-GAAP», Stuttgart.

Cotter, Julie / Zimmer, Ian (2003): «Disclosure versus Recognition: The Case of Asset Revaluations», Working Paper, Business School, University of Queensland, S. 1-32.

Dawson, Paul / Staikouras, Sotiris K. (2009): «The Impact of Volatility Derivatives on S&P500 Volatility», in: The Journal of Futures Markets, Vol. 29, Nr. 12, S. 1190-1213.

De Launois, Tanguy (2009): «Information, Volatility and the Cost of Capital», Louvain.

Dhaliwal, Dan / Subramanyam, K.R. / Trezevant, Robert (1999): «Is Comprehensive Income Superior to Net Income as a Measure of Firm Performance?», in: Journal of Accounting and Economics, Nr. 26, S. 43-67.

Drukker, David M. (2003): «Testing for Serial Correlation in Linear Panel-Data Models», in: The Stata Journal, Vol. 3, Nr. 2, S. 168-177.

Epstein, Barry J. / Nach, Ralph / Bragg, Steven M. (2008): «Wiley GAAP 2008 – Interpretations and Application of Generally Accepted Accounting Principles», New Jersey.

Ernst & Young (Hrsg.) (2005): «IFRS / US GAAP Comparison – A Comparison between International Financial Reporting Standards and US GAAP by the Financial Reporting Group of Ernst & Young», London.

Espahbodi, Hassan / Espahbodi, Pouran / Rezaee, Zabihollah / Tehranian, Hassan (2002): «Stock Price Reaction and Value Relevance of Recognition versus Disclosure: The Case of Stock-Based Compensation», in: Journal of Accounting and Economics, Nr. 33, S. 343-373.

Fiechter, Peter (2009): «Fair Value Option – Eine empirische Untersuchung zur Auswirkung der Fair Value Option gemäss IAS 39 auf die Gewinnvolatilität von Banken», Zürich.

Financial Accounting Standards Board (Hrsg.) (2008): «Discussion Paper – Preliminary Views on Financial Statement Presentation», Norwalk.

Financial Accounting Standards Board (Hrsg.) (2010): «Exposure Draft – Statement of Comprehensive Income», Norwalk.

Fontanills, George A. / Gentile, Tom (2001): «The Stock Market Course», New Jersey.

Fontanills, George A. / Gentile, Tom (2003): «The Volatility Course», New Jersey.

Goncharov, Igor / Hodgson, Allan (2008): «The Comprehensive Income Issue in Europe», Working Paper, Business School, University of Amsterdam, S. 1-45.

Graham, John R. / Harvey, Campbell R. / Rajgopal, Shiva (2005): «The Economic Implications of Corporate Financial Reporting», in: Journal of Accounting and Economics, Nr. 40, S. 3-73.

Greene, William H. (2008): «Econometric Analysis», 6. Auflage, New Jersey.

Hachmeister, Dirk (2008): «Währungsumrechnung, Währungsrisiken und Hedge Accounting nach IFRS», in: Freidank, Carl-Christian / Müller, Stefan / Wulf, Inge (Hrsg.) (2008): «Controlling und Rechnungslegung – Aktuelle Entwicklungen in Wissenschaft und Praxis», Wiesbaden, S. 319-337.

Hail, Luzi (2002): «The Impact of Voluntary Corporate Disclosures on the Ex-Ante Cost of Capital for Swiss Firms», in: The European Accounting Review, Vol. 11, Nr. 4, S. 741-773.

Hayn, Sven / Waldersee, Georg G. (2006): «IFRS / US-GAAP / HGB im Vergleich – Synoptische Darstellung für den Einzel- und Konzernabschluss», 6. überarbeitete Auflage, Stuttgart.

Healy, Paul M. / Wahlen, James M. (1999): «A Review of the Earnings Management Literature and Its Implications for Standard Setting», in: Accounting Horizons, Vol. 13, Nr. 4, S. 365-383.

Hill, R. Carter / Griffiths, William E. / Judge, George G. (2001): «Undergraduate Econometrics», 2. Auflage, Danvers.

Hirst, D. Eric (2006): «Discussion of „Cherry Picking, Disclosure Quality, and Comprehensive Income Reporting Choices: The Case of Property-Liability Insurers"», in: Contemporary Accounting Research, Vol. 23, Nr. 3, S. 693-700.

Hirst, D. Eric / Hopkins, Patrick E. (1998): «Comprehensive Income Reporting and Analysts' Valuation Judgments», in: Journal of Accounting Research, Vol. 36, Nr. 3 Supplement, S. 47-75.

Hirst, D. Eric / Hopkins, Patrick E. / Wahlen, James M. (2004): «Fair Values, Income Measurement, and Bank Analysts' Risk and Valuation Judgments», in: The Accounting Review, Vol. 79, Nr. 2, S. 454-472.

Hodder, Leslie D. / Hopkins, Patrick E. / Wahlen, James M. (2006): «Risk-Relevance of Fair-Value Income Measures for Commercial Banks», in: The Accounting Review, Vol. 81, Nr. 2, S. 337-375.

Holthausen, Robert W. / Watts, Ross L. (2001): «The Relevance of the Value-Relevance Literature for Financial Accounting Standard Setting», in: Journal of Accounting and Economics, Vol. 31, Nr. 1-3, S. 3-75.

Holzer, H. Peter / Ernst, Christian (1999): «(Other) Comprehensive Income und Non-Ownership Movements in Equity – Erfassung und Ausweis des Jahresergebnisses und des Eigenkapitals nach US-GAAP und IAS», in: Die Wirtschaftsprüfung, Nr. 9, S. 353-370.

Honoré, Bo / Vella, Francis / Verbeek, Marno (2008): «Attrition, Selection Bias and Censored Regressions», in: Mátyás, László / Sevestre, Patrick (Hrsg.) (2008): «The Econometrics of Panel Data – Fundamentals and Recent Developments in Theory and Practice», 3. Auflage, Berlin.

Hull, John C. (2009): «Optionen, Futures und andere Derivate», 7. Auflage, München.

Hunton, James E. / Libby, Robert / Mazza, Cheri L. (2006): «Financial Reporting Transparency and Earnings Management», in: The Accounting Review, Vol. 81, Nr. 1, S. 135-157.

Imhoff, Eugene A. / Lipe, Robert / Wright, David W. (1993): «The Effects of Recognition versus Disclosure on Shareholder Risk and Executive Compensation», in: Journal of Accounting, Auditing & Finance, Vol. 8, Nr. 4, S. 335-368.

International Accounting Standards Board (Hrsg.) (2009): «Presentation of Items of Other Comprehensive Income», unter: http://www.iasb.org/NR/rdonl yres/636900BF-07B9-4BE5-AC7C-3DD12AA9E80F/0/AmendmenttoIAS1 presentationofOCIwebcast.pdf, abgerufen am: 11. Mai 2010.

International Accounting Standards Board (Hrsg.) (2010): «Exposure Draft – Presentation of Items of Other Comprehensive Income – Proposed amendments to IAS 1», London.

Jochum, Christian (1999): «Stock Market Volatility: Estimation and Causes – An Investigation into the Nature of Stock Market Risk», Bamberg.

Johnson, L. Todd / Reither, Cheri L. / Swieringa, Robert J. (1995): «Toward Reporting Comprehensive Income», in: Accounting Horizons, Vol. 9, Nr. 4, S. 128-137.

Jordan, Charles E. / Clark, Stanley J. (2002): «Comprehensive Income: How is it Being Reported and What are its Effects?», in: The Journal of Applied Business Research, Vol. 18, Nr. 2, S. 1-8.

Kanas, Angelos (2000): «Volatility Spillovers Between Stock Returns and Exchange Rate Changes: International Evidence», in: Journal of Business Finance & Accounting, Vol. 27, Nr. 3&4, S. 447-467.

Karpoff, Jonathan M. (1987): «The Relation Between Price Changes and Trading Volume: A Survey», in: The Journal of Financial and Quantitative Analysis, Vol. 22, Nr. 1, S. 109-126.

Keating, Maria (1999): «An Analysis of the Value of Reporting Comprehensive Income», in: Journal of Accounting Education, Vol. 17, Nr. 2-3, S. 333-339.

Kennedy, Peter (2008): «A Guide to Econometrics», 6. Auflage, Burnaby.

Kohler, Ulrich / Kreuter, Frauke (2008): «Datenanalyse mit Stata – Allgemeine Konzepte der Datenanalyse und ihre praktische Anwendung», 3. Auflage, München.

Koonce, Lisa (2006): «Discussion of „Feedback Loops, Fair Value Accounting and Correlated Investments"», in: Review of Accounting Studies, Nr. 11, S. 417-427.

Kothari, S. P. / Li, Xu / Short, James E. (2009): «The Effect of Disclosures by Management, Analysts, and Business Press on Cost of Capital, Return Volatility, and Analyst Forecasts: A Study Using Content Analysis», in: The Accounting Review, Vol. 84, Nr. 5, S. 1639-1670.

KPMG (Hrsg.) (2007): «US-GAAP Rechnungslegung nach US-amerikanischen Grundsätzen – Grundlagen der US-GAAP und SEC-Vorschriften», 4. Auflage, Berlin.

Kristovic, Kate / Ambrosini, Benno (2007): «Pensionsrückstellungen nach US GAAP werden volatil – Auswirkungen der neuen Richtlinien FAS 158», in: Der Schweizer Treuhänder, Nr. 9, S. 619-623.

Lachnit, Laurenz / Müller, Stefan (2005): «Other Comprehensive Income nach HGB, IFRS und US-GAAP – Konzeption und Nutzung im Rahmen der Abschlussanalyse», in: Der Betrieb, Vol. 58, Nr. 31, S. 1637-1645.

Lang, Mark H. / Lins, Karl V. / Miller, Darius P. (2003): «ADRs, Analysts, and Accuracy: Does Cross Listing in the United States Improve a Firm's Information Environment and Increase Market Value?», in: Journal of Accounting Research, Vol. 41, Nr. 2, S. 317-345.

Lang, Mark H. / Lundholm, Russell (1993): «Cross-Sectional Determinants of Analyst Ratings of Corporate Disclosures», in: Journal of Accounting Research, Vol. 31, Nr. 2, S. 246-271.

Lee, Yen-Jung / Petroni, Kathy R. / Shen, Min (2006): «Cherry Picking, Disclosure Quality, and Comprehensive Income Reporting Choices: The Case of Property-Liability Insurers», in: Contemporary Accounting Research, Vol. 23, Nr. 3, S. 655-692.

Leibfried, Peter / Amann, Thomas (2002): «Ein Schatten über den Gewinn- und Verlustrechnungen des DAX 100? – Die praktische Bedeutung des Other Comprehensive Income nach IAS und US-GAAP», in: Kapitalmarktorientierte Rechnungslegung, Nr. 4, S. 191-197.

Leuz, Christian (2003a): «Discussion of ADRs, Analysts, and Accuracy: Does Cross-Listing in the United States Improve a Firm's Information Environment and Increase Market Value?», in: Journal of Accounting Research, Vol. 41, Nr. 2, S. 347-362.

Leuz, Christian (2003b): «IAS versus U.S. GAAP: Information Asymmetry-Based Evidence from Germany's New Market», in: Journal of Accounting Research, Vol. 41, Nr. 3, S. 445-472.

Leuz, Christian / Verrecchia, Robert E. (2000): «The Economic Consequences of Increased Disclosure», in: Journal of Accounting Research, Vol. 38, Nr. 3 Supplement, S. 91-124.

Lipe, Marlys Gascho (1998a): «Discussion of Comprehensive Income Reporting and Analysts' Valuation Judgments», in: Journal of Accounting Research, Vol. 36, Nr. 3 Supplement, S. 77-83.

Lipe, Marlys Gascho (1998b): «Individual Investors' Risk Judgments and Investment Decisions: The Impact of Accounting and Market Data», in: Accounting, Organizations and Society, Vol. 23, Nr. 7, S. 625-640.

Lui, Daphne / Markov, Stanimir / Tamayo Ane (2007): «What Makes a Stock Risky? Evidence from Sell-Side Analysts' Risk Ratings», in: Journal of Accounting Research, Vol. 45, Nr. 3, S. 629-665.

Magnan, Michel / Xu, Bixia (2008): «Information Uncertainty, Corporate Disclosure, and Stock Return Volatility», Working Paper, John Molson School of Business, Concordia University, S. 1-37.

Maines, Laureen A. / McDaniel, Linda S. (2000): «Effects of Comprehensive-Income Characteristics on Nonprofessional Investors' Judgments: The Role of Financial-Statement Presentation Format», in: The Accounting Review, Vol. 75, No. 2, April 2000, S. 179-207.

Malkiel, Burton G. (2003): «The Efficient Market Hypothesis and Its Critics», in: The Journal of Economic Perspectives, Vol. 17, Nr. 1, S. 59-82.

Meyer, Conrad (2006): «Konzernrechnung – Einführung in die Systematik des konsolidierten Abschlusses», Zürich.

Meyer, Conrad (2007): «Konzernrechnung – Aussagekräftige konsolidierte Abschlüsse unter Beachtung nationaler und internationaler Accountingstandards», Zürich.

Meyer, Conrad (2008a): «Der Prozess des Standardsetting nach IFRS am Beispiel der Fair Value Option», in: Verlag SKV (Hrsg.): «Max Boemle – Festschrift zum 80. Geburtstag», Zürich, S. 59-77.

Meyer, Conrad (2008b): «Finanzielles Rechnungswesen – Einführung mit Beispielen und Aufgaben», Zürich.

Meyer, Conrad (2009a): «Umsatzerfassung als Instrument des Earnings Management – Eine zentrale Problemstellung aussagekräftiger Abschlüsse», in: Meyer, Conrad / Pfaff, Dieter (Hrsg.): «Jahrbuch zum Finanz- und Rechnungswesen 2009», Zürich, S. 57-73.

Meyer, Conrad (Hrsg.) (2009b): «Swiss GAAP FER – Erläuterungen, Illustrationen und Beispiele», Zürich.

Meyer, Conrad / Fiechter, Peter (2008): «Fair Value – Reporting im fundamentalen Wandel», in: io new management, Nr. 4, 2008, S. 12-17.

Meyer, Conrad / Spreiter, Franziska (1999): «Die Rechnungslegung der USA – Konzeptionelle und institutionelle Grundlagen», in: Der Schweizer Treuhänder, Nr. 5, S. 509-518.

Newberry, Susan (2003): «Reporting Performance: Comprehensive Income and its Components», in: Abacus, Vol. 39, Nr. 3, S. 325-339.

O'Hanlon, John (2000): «Discussion of Value Relevance of Mandated Comprehensive Income Disclosures», in: Journal of Business Finance & Accounting, Vol. 27, Nr. 9-10, S. 1303-1309.

Passardi, Claudio (2006): «Erfolgspublizität – Kapitalmarktorientierte Berichterstattung zur Unternehmensperformance, Zürich.

Pástor, Lubos / Veronesi, Pietro (2003): «Stock Valuation and Learning about Profitability», in: The Journal of Finance, Vol. 58, Nr. 5, S. 1749-1789.

Penman, Stephen H. (2003): «The Quality of Financial Statements: Perspectives from the Recent Stock Market Bubble», in: Accounting Horizons, Vol. 17 Supplement, S.77-96.

Pfaff, Dieter / Kukule, Wilfried (2006): «Wie fair ist der fair value?», in: KoR – Zeitschrift für internationale und kapitalmarktorientierte Rechnungslegung, Nr. 9, S. 542-549.

Poon, Ser-Huang (2005): «A Practical Guide to Forecasting Financial Market Volatility», West Sussex.

Robinson, Loudell E. (1991): «The Time Has Come to Report Comprehensive Income», in: Accounting Horizons, Vol. 5, Nr. 2, S. 107-112.

Rogers, Jonathan L. (2008): «Disclosure Quality and Management Trading Incentives», in: Journal of Accounting Research, Vol. 46, Nr. 5, S. 1265-1296.

Rose, Rene (Hrsg.) (2006): «Enzyklopädie der technischen Indikatoren – Trading-Chancen profitable nutzen», München.

Ruhnke, Klaus (2008): «Rechnungslegung nach IFRS und HGB – Lehrbuch zur Theorie und Praxis der Unternehmenspublizität mit Beispielen und Übungen», 2. Auflage, Stuttgart.

Sadka, Gil (2007): «Understanding Stock Price Volatility: The Role of Earnings», in: Journal of Accounting Research, Vol. 45, Nr. 1, S. 199-228.

Schwert, William G. (1990): «Stock Market Volatility», in: Financial Analysts Journal, Vol. 46, Nr. 3, S. 23-34.

Shan, Yaowen / Taylor, Stephen / Walter, Terry (2008): «The Uncertainty of Non-accounting Information in Analysts' Forecasts and Stock Return Volatility», Working Paper, School of Accounting, University of New South Wales, S. 1-46.

Shikano, Susumu (2005): «Bootstrap und Jackknife», Working Paper, S. 1-12.

Shleifer, Andrei (2000): «Inefficient Markets – An Introduction to Behavioral Finance», Oxford.

Sias, Richard W. (1996): «Volatility and the Institutional Investor», in: Financial Analysts Journal, March/April, S. 13-20.

Smith, Pamela A. / Reither, Cheri L. (1996): «Comprehensive Income and the Effect of Reporting It», in: Financial Analysts Journal, Vol. 52, Nr. 6, S. 14-19.

Standard & Poor's (2009): «S&P 500 – About the Index», unter: http://www2. standardandpoors.com/spf/pdf/index/SP_500_Factsheet.pdf, abgerufen am: 19. August 2009.

Stickney, Clyde P. / Brown, Paul R. / Wahlen, James M. (2007): «Financial Reporting, Financial Statement Analysis, and Valuation – A Strategic Perspective», 6. Auflage, Mason.

Suter, Daniel (2009): «Erfassung von Schätzunterschieden – Anwendung von IAS 19 und «True and Fair View»», Zürich.

Tarca, Ann (2006): «Discussion of Isidro, O'Hanlon and Young», in: Abacus, Vol. 42, Nr. 3/4, S. 345-353.

Thinggaard, Frank / Wagenhofer, Alfred / Evans, Lisa / Gebhardt, Günther / Hoogendoorn, Martin / Marton, Jan / Di Pietra, Roberto / Mora, Araceli / Peasnell, Ken (2006): «Performance Reporting – The IASB's Proposed Formats of Financial Statements in the Exposure Draft of IAS 1», in: Accounting in Europe, Vol. 3, S. 35-63.

Thomas, Michael D. (2008): «Die Volatilität der Finanzmärkte – Konzepte und Umsetzungsmöglichkeiten im Portfolio-Management», Hamburg.

Turner, Andrew L. / Weigel, Eric J. (1992): «Daily Stock Market Volatility: 1928-1989», in: Management Science, Vol. 38, Nr. 11, S. 1586-1609.

Van Cauwenberge, Philippe / De Beelde, Ignace (2007): «On the IASB Comprehensive Income Project: An Analysis of the Case for Dual Income Display», in: Abacus, Vol. 43, Nr. 1, S. 1-26.

Venkatachalam, Mohan (2000): «Discussion of Corporate Disclosure Practices, Institutional Investors, and Stock Return Volatility», in: Journal of Accounting Research, Vol. 38, Nr. 3 Supplement, S. 203-207.

Verbeek, Marno (2008): «A Guide to Modern Econometrics», 3. Auflage, Rotterdam.

Volmer, Philipp B. (2008): «Formen der kapitalmarktorientierten Erfolgsrechnung – Eine Analyse der Performance Reporting Projekte von FASB und IASB», Berlin.

Waymire, Gregory (1985): «Earnings Volatility and Voluntary Management Forecast Disclosure», in: Journal of Accounting Research, Vol. 23, Nr. 1, S. 268-295.

Wei, Steven X. / Zhang, Chu (2006): «Why Did Individual Stocks Become More Volatile?», in: Journal of Business, Vol. 79, Nr. 1, S. 259-292.

Winkelmann, Rainer / Boes, Stefan (2009): «Analysis of Microdata», 2. Auflage, Zürich.

Wolke, Thomas (2007): «Risikomanagement», München.

Wooldridge, Jeffrey M. (2002): «Econometric Analysis of Cross Section and Panel Data», London.

Wooldridge, Jeffrey M. (2009): «Introductory Econometrics – A Modern Approach», 4. Auflage, Mason.

Yen, Alex C. / Hirst, D. Eric / Hopkins, Patrick E. (2007): «A Content Analysis of the Comprehensive Income Exposure Draft Comment Letters», in: Research in Accounting Regulation, Vol. 19, S. 53-79.